GUSTAVO FERREIRA

E-MAILS QUE VENDEM

GUIA PRÁTICO PARA CAMPANHAS DE E-MAIL MARKETING LUCRATIVAS

www.dvseditora.com.br
São Paulo, 2020

E-MAILS QUE VENDEM
GUIA PRÁTICO PARA CAMPANHAS DE E-MAIL MARKETING LUCRATIVAS

DVS Editora Ltda. 2020 – Todos os direitos para a língua portuguesa reservados pela Editora.

Nenhuma parte deste livro poderá ser reproduzida, armazenada em sistema de recuperação, ou transmitida por qualquer meio, seja na forma eletrônica, mecânica, fotocopiada, gravada ou qualquer outra, sem a autorização por escrito dos autores e da Editora.

Diagramação: Spazio Publicidade e Propaganda
Revisão: Leandro Sales
Capa: Felipe Cerqueira

```
Dados Internacionais de Catalogação na Publicação (CIP)
         (Câmara Brasileira do Livro, SP, Brasil)

    Ferreira, Gustavo
        E-mails que vendem : guia prático para campanhas
    de e-mail marketing lucrativas / Gustavo Ferreira. --
    1. ed. -- São Paulo : DVS Editora, 2020.

        ISBN 978-65-5695-015-0

        1. Administração 2. Comunicação 3. Correio
    eletrônico 4. Marketing 5. Vendas I. Título.

 20-45627                                    CDD-658.81

            Índices para catálogo sistemático:

    1. Vendas : Canais interativos : Administração de
       empresas 658.81

 Aline Graziele Benitez - Bibliotecária - CRB-1/3129
```

Nota: Muito cuidado e técnica foram empregados na edição deste livro. No entanto, não estamos livres de pequenos erros de digitação, problemas na impressão ou de uma dúvida conceitual. Para qualquer uma dessas hipóteses solicitamos a comunicação ao nosso serviço de atendimento através do e-mail: atendimento@dvseditora.com.br. Só assim poderemos ajudar a esclarecer suas dúvidas.

GUSTAVO FERREIRA

E-MAILS QUE VENDEM

**GUIA PRÁTICO PARA
CAMPANHAS DE E-MAIL
MARKETING LUCRATIVAS**

Prefácio

Do escritório de Guilherme de Carvalho
Penápolis - SP

Caro amigo,
    Hoje eu estou feliz.
    Porque estou fazendo o prefácio do novo livro do Gustavo.
E-mails que vendem.
Lembro que o primeiro e-mail que ele me enviou começava assim: "Caro Amigo".
Essas foram as duas primeiras palavras que ele me disse quando "nos conhecemos".
Foi num e-mail que recebi.
Aquele e-mail me fez rir e me fez pensar.
Me fez também uma coisa que os e-mails do Gustavo sempre fazem com as pessoas...
Ter vontade de ler mais.
(Depois de muito tempo que eu descobri que o objetivo era esse).
Então, cada e-mail dele que caía no meu inbox...
Eu devorava.
Nunca apaguei nenhum.
Ainda tenho todos arquivados nos meus e-mails.
Ele compartilhava sua vida pessoal comigo...

Quando sua mulher foi operar...

Quando ele foi trocar a válvula do vaso sanitário...

Ou até mesmo quando "encheu a cara" de cachaça.

Sempre com uma lição por trás de cada mensagem...

Isso foi despertando em mim um grande interesse no conteúdo dele.

(Que depois de muito tempo descobri que o objetivo era esse, também).

E foi dessa forma que "sem perceber", fui comprando seus livros e seus cursos.

Hoje me orgulho de ter sido aluno dele.

Ainda hoje, uma garota interessada em ser copywriter me perguntou: Estou em dúvida de qual curso de copywriting que eu compro... o X que é famoso ou o do Gustavo...?

Sem pestanejar... e sem pensar duas vezes, respondi: Nem perca seu tempo com o outro.

E é o mesmo conselho que eu dou para você.

Não perca seu tempo com outro.

Neste livro você vai encontrar tudo o que precisa para chegar onde você quiser.

Hoje cheguei onde eu quero, graças ao Gustavo, seus livros, seus e-mails e seus cursos.

E afirmo com convicção, que este livro vai ajudar você também.

Por um Brasil mais rico e feliz,

Luiz Guilherme de Carvalho Pinto
Copywriter, aluno e caro amigo do Gustavo.

Introdução

Olá, amigo empreendedor!

Estou muito feliz por você estar aqui, e tenho um motivo muito especial para isso.

Porque esse pode ser o seu primeiro contato com o "mundo digital", e mais especificamente, com "E-mail Marketing".

Ou, como prefiro...

E-Mails que Vendem

Veja, me permito ser ousado e criar um livro sobre esse assunto (além de ser um pedido antigo de meus clientes e amigos).

Mas, para você saber PORQUE você pode me ouvir, aqui estão alguns dos meus feitos desde o final de 2014...

1. Escrevi mais de 3 mil e-mails únicos, para mim mesmo e para clientes...
2. Cada campanha nova que crio para um cliente possui no mínimo 12 e-mails (geralmente ficando em torno de 100 a 120 para uma campanha completa)...
3. Uma campanha para um cliente envolveu um total de 84 e-mails enviados em um período de 26 dias (gerando um faturamento de R$ 92 mil com apenas 4 mil leads)...
4. Já vendi serviços de R$ 20 mil com apenas UM e-mail (sem carta de vendas)...
5. Já vendi produtos de R$ 500 usando apenas e-mails...

6. Estudei e testei os principais sistemas de e-mail marketing do mundo (desde a "fórmula de lançamento" brasileira, Ryan Deiss com seu Invisible Selling Machine, Ryan Levesque com seu Método ASK, Andre Chaperon, Daniel Levis, Lawton Chiles e Big Jason Handerson)...
7. Apenas para mim e minha empresa gerei mais de R$ 400 mil de faturamento em menos de 3 anos, e minha principal ferramenta sempre foi e continua sendo e-mail marketing...
8. No total, já gerei pouco mais de 5 milhões de faturamento para clientes com as campanhas que criei...

Com tudo isso...
Posso dizer que sei do que estou falando.
E quero entregar para você as lições mais poderosas para você...

- **Criar uma campanha de e-mail marketing efetiva** (mesmo que você esteja começando a construir sua lista de e-mails agora ou nunca fez nenhuma campanha de e-mail).
- **As principais técnicas para construção da sua lista** (tanto para negócios digitais quanto negócios físicos).
- **O que REALMENTE funciona no e-mail marketing e como você deve preparar suas campanhas** (tanto campanhas automáticas quanto disparos únicos: "broadcasts").

E, claro, mantendo a mesma linha dos meus livros anteriores, vou dar exemplos e modelos práticos para você usar.

Você também pode acessar materiais extras, como vídeos, assuntos para seus e-mails e mais alguns presentes através desse link especial: https://copycon.com.br/bonus-livro-email/

Algumas das minhas joias mais bem guardadas você têm na sua mão agora.

Por exemplo...

Certa vez fiz uma campanha que não estava vendendo muito bem.

Eu estava desesperado. O cliente idem.

E decidi enviar o "e-mail de 9 palavras", que é o "e-mail bomba" de respostas, ANTES de terminar a campanha.

PREFÁCIO

Recebemos algumas dezenas de e-mails pedindo um item (um "bônus") que não estava no nosso radar.

Adicionamos esse "bônus extra", e, quase como mágica...

<u>Triplicamos</u> o volume de vendas.

Veja, seus resultados podem variar muito.

Conheço pessoas que com uma lista de contatos de apenas 20 pessoas conseguiram faturar mais de R$ 50 mil.

Na outra ponta, já tive clientes com uma lista de 150 mil contatos, e nem 2 mil pessoas interagiam (mesmo assim fizemos uma campanha que rendeu R$ 20 mil de faturamento).

Apesar de estar trazendo aqui para você um sistema PROVADO e que funciona... não posso prever se você fará grandes campanhas ou não.

Afinal, não conheço seu nicho, sua oferta, seu relacionamento com sua lista, nem sua vontade real de ir com tudo atrás dos resultados.

E mesmo eu, a cada 10 campanhas, apenas 1 é um grande sucesso, 6 são apenas "ok" e as outras 3 não dão em nada, apenas empatam em resultados.

Fica aqui um aviso muito importante também. Os maiores copywriters do MUNDO conseguem uma taxa de 50% de sucesso.

Se um dia você encontrar um copywriter que diz conseguir mais do que isso... **fuja**.

Porque provavelmente ele está mentindo.

Por que estou falando isso?

Porque você não pode desanimar se algo der errado no começo.

Falo para meus clientes das Cartas de Ouro para Empresários e do meu Programa Elite o seguinte...

Se você tem uma audiência e todos os dias se dedica a criar campanhas novas e diferentes (através de e-mails, cartas de vendas, interação nas redes sociais, etc.).

Você terá feito 365 testes.

E <u>com certeza</u> você encontrará mensagens e comunicações que funcionam melhor do que outras.

Se você fizer isso, tenho apenas uma certeza.

A Única Possibilidade É Que Você Terá Sucesso

Espero realmente que você faça parte do grupo dos 2% de pessoas que compram livros e cursos, veem todo o material e... APLICAM.

Se você faz parte desse grupo especial dos 2%...

Se você testar TUDO que apresento aqui...

E...

Se você está preparado e empolgado com o que está por vir, prepare-se...

Porque você tem uma mina de ouro na sua mão agora.

À Sua Riqueza e Felicidade!

Gustavo Ferreira

PS: como dei muitos "prints" e nem sempre a qualidade das imagens fica boa em formatos digitais, em alguns trechos haverá o "print" original, seguido pelo texto transcrito, ok?
Isso é para garantir que você consiga ver todo o material sem problemas :)
PPS: você também pode acessar a área de materiais bônus desse livro no seguinte endereço: http://copycon.com.br/bonus-livro-email/

Importante!

Esse é um livro de vendas e escrita persuasiva.

Algumas regras gramaticais são propositalmente ignoradas.

Sumário

Prefácio... 5
Introdução....................................... 7
E-mail Marketing ainda Funciona?............... 13
    Alguns números................................ 22
    O que o futuro reserva........................ 25
    Conceitos: pilha "A" e pilha "B".............. 27
    As 7 regras de ouro do e-mail marketing....... 28
Começando: Como Você Cria sua Lista de E-mails.. 41
    Se você ainda não tem nenhum trabalho com e-mail marketing.... 45
    Se você já tem uma base de clientes.......... 46
    Técnicas de captura de e-mails: o simples que funciona...... 48
    Tenho os e-mails... e agora?.................. 70
A Chave do Sucesso: Relacionamento............. 81
Campanhas que Vendem........................... 85
    Ofertas "Soft" e ofertas "Hard"............... 87
    Visão geral de uma campanha de e-mails........ 92
    A sequência post sell......................... 100
    Depois de uma campanha........................ 104

Como você planeja e-mails "broadcast" para o
máximo de resultado 105
Técnicas avançadas 107
Quantos e-mails você deve enviar? 121
O que faz seus e-mails serem abertos? 123
Como você faz a ponte entre "relacionamento" e "venda" 126
Detalhes que nunca te contaram. 127
Como você mede o sucesso de uma campanha
(e NÃO é por abertura e cliques). 132
Onde está o dinheiro de verdade. 133

A Estratégia de Ouro 135
Histórias pessoais 137
Novela 140
Meu maior erro. 143

A Linha do Tempo da Consciência 145

Estratégias para seus E-mails 149
Ofertas High Ticket → Low Ticket 151
Martelo 151
Recuperação de vendas 152
Recuperação de boletos 153

Lei Geral de Proteção de Dados 155

O Presente e o Futuro do E-mail Marketing 157

Próximos Passos 163

E-mail Marketing ainda Funciona?

A primeira pergunta que recebo quando converso com pessoas que não usam e-mail marketing é...

Isso Funciona?

A resposta curta é: SIM.
E-mail marketing continua firme e forte.

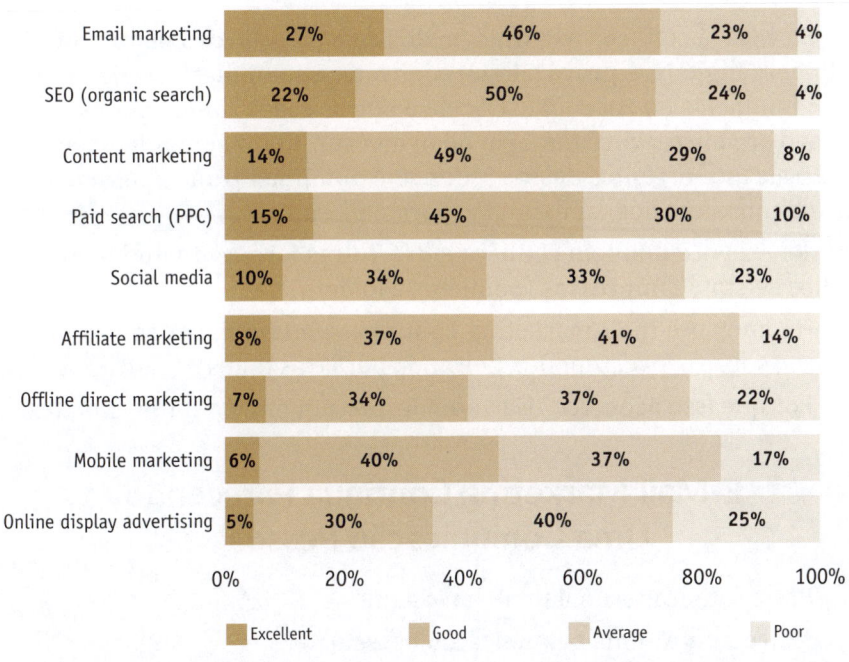

Fonte: Email Marketing Industry Census 2017 - Adestra

De acordo com o DMA National Client Email Report 2015, para cada R$ 1 que você investe em e-mail marketing, você tem R$ 38 de retorno.

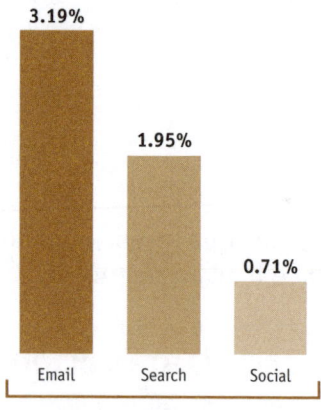

Conversion Rates by Source

Fonte: Monetate's Ecommerce Quartely

Se você já conhece outros formatos de aquisição de clientes, principalmente digitais, é provável que conhece e usa mídias sociais, tráfego pago (anúncios no Facebook, Google e outras redes como Taboola, etc.), tráfego orgânico... Você também pode investir muito em mídias sociais... mas o alcance orgânico dessas redes vem diminuindo ano após ano. E os custos com anúncios também não param de subir.

Talvez você também conheça e use outras formas de mídia off-line, como revistas, e impressos (panfletos e folders).

Há anos o e-mail marketing continua sendo o canal com o maior retorno sobre o investimento, deixando para trás todos os outros canais.

Por que isso acontece? Na verdade, por um motivo muito simples.

E-Mail Marketing Continua Parecendo Uma Comunicação Pessoal

Preste atenção na palavra-chave aqui:

Parecendo uma comunicação pessoal.

Essa é a chave.

Por mais que hoje nossas caixas de e-mails sejam bombardeadas por dezenas, centenas de promoções todos os dias...

Ainda temos a sensação de estar falando com pessoas.

Por exemplo, aqui está um trecho de um e-mail que enviei para a minha lista da CopyCon:

Assunto: Com R$ 1 mil e meu conhecimento… o que faria?
Do Escritório de Gustavo Ferreira
Quinta-Feira, 19/10/2017

Algumas pessoas mais "antenadas" já sacaram o que estou fazendo...

Mas não vou estragar a surpresa para você :)

Estou no meio de um lançamento enorme… e estou com minha agenda fechada de trabalho para os próximos 4 meses...

Logo...

Meu tempo está escasso.

O que não impede de criar alguns megamateriais para você, certo? :-)

Então vamos lá…

O Eduardo perguntou... **Com apenas R$ 1 mil e meu conhecimento, o que eu faria?**

Para dar mais emoção, ainda me considerei sem autoridade no nicho ;)

A resposta é um pouco não ortodoxa, mas você vai gostar ;)

Veja aqui:

https://goo.gl/N87Tme

Preste atenção aos detalhes.

1. Adicionei um cabeçalho, como se fosse uma carta pessoal...
2. Começo usando o nome do destinatário (também uso com frequência a saudação "Caro Amigo / Cara Amiga")...
3. Conto uma pequena história que dá a sensação de uma comunicação contínua e pessoal...
4. Como abri com uma pequena história, <u>justifiquei</u> porque nesses dias estou enviando menos e-mails do que o normal...
5. Com a justificativa, fiz uma transição suave para um conteúdo que a minha própria lista pediu (e no final do conteúdo há uma oferta amarrada)...

Agora, antes que você me pergunte *"Mas eu sou uma empresa e tenho que ser sério"*.

Sim, concordo plenamente.

Mas vamos comparar mais uma vez com três e-mails que recebi na minha caixa de entrada:

Observação: não tenho ligação com as empresas que ilustro esses exemplos.

Assunto: Seja muito bem-vindo ao Grão Gourmet!

Olá, bem-vindo ao Grão Gourmet.

Somos um *clube de cafés especiais*, escolhemos os melhores lotes de café arábica da safra, torramos ema pequena escala e enviamos todos os meses para os membros do clube, em grãos ou moído. Nossos cafés são excepcionais!

Também temos uma loja online com *kits para presente*, filtros, moedores, cafeteiras, canecas e outros equipamentos cafeinados.

Em nosso blog publicamos matérias sobre gastronomia, cultura, comportamento, curiosidades... entre outros assuntos. Sempre relacionados a café.

Como estamos nos conhecendo agora, queremos primeiro lhe enviar alguns e-mails educacionais, sobre o que é um café especial, a influência do ponto de torra, da moagem, etc.

Serão quatro e-mails, um por semana, com o seguinte conteúdo:

1ª semana ➡ Caminhos do café até sua xícara

2ª semana ➡ O que é um café especial?

3ª semana ➡ Métodos de preparo, diferentes formas de se preparar um café.

4ª semana ➡ Como fazer um café em casa? (com e-book e guias)

Após esse período, você receberá dois e-mails por semana, um contendo o resumo das matérias do blog e outro com promoções, novos produtos e descontos.

O café aproxima pessoas, conta histórias, traz lembranças....é muito bom ter você conosco, esperamos que nossa amizade seja forte e bonita como um pé de café.

Um carinhoso abraço cafeinado,

Renata – engenheira de minas e fundadora do Grão Gourmet

Vamos examinar esse e-mail.

Pontos positivos:
1. Deu as boas-vindas (parece simples, mas as pessoas gostam disso)...
2. Disse o que viria pela frente (e-mails com conteúdo e depois intercalar ofertas e conteúdo)...
3. Fez parecer pessoal com a foto da fundadora ao final do e-mail.

Pontos a melhorar:
1. O *timing* deles não foi adequado (eu comprei há quase 1 ano um café com essa empresa e só agora recebi o e-mail)...
2. Faltou personalização com meu nome...
3. Se *eu* fosse enviar esse e-mail, perguntaria para o destinatário o que ele gostaria de saber...
4. Poderia ter uma chamada de ação (seja para conectar com redes sociais, responder o e-mail, seguir um chatbot, etc.).

Mas veja...

Essa empresa é uma empresa séria, e **dá vontade** de ler o e-mail.

É isso que você vai descobrir nesse livro.

Não importa se você é uma empresa "séria", um "empreendedor digital", ou se você vende serviços, como coaching, palestras, etc.

Aqui você vai entender os fundamentos, a base para você criar e-mails que conectam com as pessoas.

Mais uma vez...

E-mail marketing funciona...

Porque parece ser uma comunicação pessoal.

Aqui está mais um e-mail simples, do nicho B2B

Assunto: Alavanque os resultados da sua indústria

Olá, Gustavo

Com a missão de ajudar as empresas do segmento B2B a ganhar mais visibilidade no mercado online, enviei semana passada um guia prático para quem deseja vender mais pela internet.

Por saber que o mais importante para uma empresa são os resultados, essa semana estou lhe enviando o e-book Como Maximizar os Resultados da sua Indústria. Com ele você poderá notar os impactos em seus resultados e as grandes vantagens que o marketing digital pode proporcionar.

<link para baixar>

Espero sempre poder ajudar. Bons negócios!

Andreza Brandão

Diretora de Marketing

Olá, Gustavo

Com a missão de ajudar as empresas do segmento B2B a ganhar mais visibilidade no mercado on-line, enviei semana passada um guia prático para quem deseja vender mais pela internet.

Por saber que o mais importante **para** uma empresa são os resultados, essa semana estou te enviando o e-book Como Maximizar os Resultados da sua Indústria. Com ele você poderá notar os impactos em seus resultados e as grandes vantagens que o **marketing** digital pode proporcionar.

BAIXE GRATUITAMENTE

Espero sempre poder ajudar. Bons negócios!

Andreza Brandão
Diretora de **Marketing**

Agora, veja esse terceiro e-mail:

Esse e-mail é apenas imagem com uma mensagem direta: formação em naturopatia.

Esse formato de e-mail até pode dar resultado **se for enviado para pessoas realmente interessadas no assunto**.

Porque senão...

Falta sal. Falta tempero.

E se você manter seus e-mails nessa linha, apenas uma coisa acontecerá com o tempo.

Você Será Ignorado

E esse é um luxo que você não pode dar para sua empresa se você quer sobreviver no mercado cada vez mais competitivo.

Hoje cada vez mais temos que competir pela atenção das pessoas.

Se você não cria mensagens marcantes e pessoais, você será esquecido.

E esse é um preço que você não quer pagar.

ALGUNS NÚMEROS

Você só entenderá o poder desse livro se entender os números por trás de uma lista de e-mails efetiva.

Essas são tendências com base na minha experiência.

Os números podem variar dependendo da sua situação.

Imagine uma lista com 10 mil leads (pessoas que deixaram pelo menos o e-mail para contato).

1. No máximo 60% da sua lista abrirá seus e-mails (se você tem essa lista de 10 mil leads, no máximo 6 mil pessoas abrirão seu e-mail).
2. Metade da sua lista de leads NUNCA comprará nada de você...
3. No exemplo de 6 mil leads que podem abrir seu e-mail, 3 mil pessoas NUNCA comprarão nada de você.
4. 15% dos seus melhores leads comprarão em um prazo de 90 dias.
5. Ou seja, de 3 mil leads, 15% (450) <u>podem</u> comprar alguma coisa em 3 meses (se sua comunicação estiver alinhada com o que eles querem).
6. O restante (2.550 leads) podem comprar algo de você em um período máximo de 18 meses.
7. Se um lead está com você há mais de 18 meses e não comprou nenhum produto seu, provavelmente nunca irá comprar.

Esse ainda é o cenário otimista.

Ou melhor...

Esse é o cenário que tende a acontecer se você tem um "gênio do marketing megalomaníaco" trabalhando com você.

O cenário real na maioria dos casos é...

A cada campanha realizada, você consegue um máximo de 4% de conversão de clientes. (isso se você tem alguém realmente bom trabalhando com você)

A média de conversão atual da maioria das campanhas no mercado é de 0,5% a 2%.

Ou seja...

Sem uma estratégia bem feita...

Você não consegue extrair o máximo potencial da sua lista.

Agora, uma boa notícia.

A maioria dos "gurus" de internet ensinam "fórmulas" que vão gerar em média R$ 1,00 a R$ 3,00 de faturamento por lead.

E eles cantam isso como uma grande vitória.

Com o sistema que aprendi e refinei, você consegue uma média de R$ 3,00 a R$ 16,00 por lead.

Quer a prova?

Na data que escrevo esse livro, estou com 2.841 leads ativos na minha lista da CopyCon.

Esses são meus ganhos _apenas_ pela plataforma Eduzz:

MEUS GANHOS	
CONFIRMADAS	R$ 122.013,21
REEMBOLSADAS	R$ -13.692,49
TOTAL	R$ 108.320,72

Um faturamento líquido de R$ 108.320,72, equivale a R$ 38,00 por lead.

Fora todos os pagamentos _high ticket_ que recebo, e outras formas de pagamento (em um total de quase R$ 400 mil de faturamento).

Preste atenção...

Meus resultados são fora da curva padrão.

Mas se você pudesse prever que a cada mil leads você tem o potencial de faturar de R$ 3 mil a R$ 16 mil, isso já não seria ótimo?

Em um cliente com 10 mil leads, quando fizemos uma campanha de teste, faturamos R$ 60 mil.

Quanto mais consistente e quanto MAIS você aprender sobre seu próprio público, <u>mais</u> você irá ganhar.

Se você gravar na sua mente apenas uma lição após essa leitura, já sairei satisfeito:

Grave isso na sua mente agora.

Consistência É a Chave

Quanto mais consistente você for, mais você terá resultados.

Exercício de Revisão

1. Por que e-mail marketing continua funcionando?
2. Se você tem 10 mil leads, quantos potencialmente vão comprar alguma coisa de você em até 18 meses?
3. Qual é a chave do sucesso no e-mail marketing?

O QUE O FUTURO RESERVA

Escuto com frequência que cedo ou tarde o e-mail marketing irá acabar, e existe uma meia verdade nisso.

Na data que escrevo esse livro, a "onda do momento" são os *chatbots*, Telegram e Instagram.

Minha opinião é que esses *chatbots* vieram para ficar. Afinal, mais de 1 bilhão de pessoas usam o Facebook diariamente...

E eu, como empresário, prefiro configurar um robô para responder a maior parte das "perguntas-padrão", e também um pequeno funil de vendas para os produtos que ofereço.

Porém, e se (ou melhor: quando) o Facebook morrer? Pode levar anos, mas provavelmente vai acontecer.

Ou se o Facebook mudar as regras e não permitir mais que sejam feitas ofertas nos seus *bots*? (em teoria, os termos de uso não permitem isso). Inclusive em 2019, houve uma grande mudança nos *chatbots*. E as próprias empresas recomendavem pedir o e-mail das pessoas!

O problema da maioria dessas ondas é que são construídas em "terreno alugado".

Você não tem controle sobre curtidas, nem mesmo tem acesso às informações pessoais do seu contato através de um *bot*.

E mesmo se você quiser migrar de um *bot* para outro, não consegue.

Diferente da sua lista de e-mails.

Mesmo que você precise mudar de provedor (hoje utilizo o ActiveCampaign), você consegue carregá-la para qualquer canto.

E o melhor, se você desenvolveu um relacionamento saudável com sua lista, você tem uma mina de ouro na sua mão.

Não se engane, você não precisa de uma lista gigante para conseguir bons resultados.

Já falei o tamanho da minha lista da CopyCon (2.841 leads ativos).

Mesmo assim, com pouco esforço (leia: enviando 1 e-mail por semana), consigo de R$ 2 mil a R$ 4 mil de faturamento mensal.

E quando envio 2 a 3 e-mails por semana, consigo com tranquilidade de R$ 5 mil a R$ 8 mil de faturamento.

Agora, preste atenção.

Tem algo que realmente está acontecendo com as listas de e-mails ao redor do mundo.

As Taxas de Abertura e Cliques Estão Caindo

Não estou falando apenas no Brasil, e sim no mundo.

Por quê?

Sim, novos meios de comunicação interferem (como a onda de *chatbots*) e as pessoas estão com um déficit cada vez maior de atenção.

Porque há muitas promoções chegando o tempo todo, de todos os lados. E a maior parte dessas promoções são... iguais.

Promessas de ganho fácil (seja de dinheiro, emagrecer ou qualquer coisa que você demonstra interesse), e você ali no meio.

As pessoas estão cansando.

Por isso, a consistência é a chave do seu sucesso.

Você precisa encontrar o "equilíbrio perfeito" entre entretenimento e vendas.

Você também terá muitos ganhos ao INTEGRAR sua comunicação.

Por exemplo, em vários clientes, o processo hoje é:

1. Entrar na lista de e-mails;
2. Acompanhar um *chatbot* (paralelo às sequências de e-mail);
3. Entrar em um grupo (no Facebook, Telegram ou WhatsApp) para ter um canal extra de comunicação;
4. Mais os anúncios pagos, incluindo remarketing.

Varia um pouco a estratégia, mas TODOS os canais estão amarrados.

É isso que vai sempre levar você adiante, e mais importante de tudo...

Você Precisa Ser Relevante Para Seu Cliente

Por isso, a fórmula do sucesso é a seguinte:

RESULTADO = (CONSISTÊNCIA + RELEVÂNCIA) * (F. M. I.)

Se você for consistente e sempre procurar entreter e resolver problemas... Se você for relevante nos conteúdos e ofertas, que sempre transformam a vida dos seus clientes... E se o seu F. M. I. (**Fator "Me Importo"**) for alto (quanto VOCÊ se importa realmente com o seu público)... Os resultados virão.

CONCEITOS: PILHA "A" E PILHA "B"

Gary Halbert provavelmente foi o maior *copywriter* que já tivemos.

Ele trabalhava com comunicações impressas, que eram enviadas pelo correio, e criou o conceito de pilha "A" e pilha "B".

Imagine o seguinte...

Se você recebe na sua casa 10 cartas em um único dia, é provável que você as separasse mais ou menos assim:

- **Contas**: ver depois, se abrir...
- **Folders de propaganda**: boa chance de ir direto para o lixo sem nem ler...
- **Algo pessoal**: você vai abrir primeiro...
- **Algo que chama MUITO a atenção e o deixa curioso (como uma caixa)**: você vai abrir ANTES das coisas pessoais.

As contas e folders de propaganda vão para a pilha "B". Não são relevantes.

Nós queremos estar na pilha "A".

Coisas pessoais.

E coisas que chamam a atenção e são relevantes.

Como isso se aplica no e-mail marketing?

Na verdade, é bem simples:

Eu mesmo tenho 6 contas de e-mails. Apenas em uma delas abro todos os e-mails, porque são pessoais.

Você quer que seu cliente lhe dê esse e-mail.

Porque mesmo que eventualmente um e-mail seu caia no spam...

É melhor estar na caixa de spam de uma "conta de e-mail A" (porque quase todo mundo sempre checa se há algo lá por engano)...

Do que estar na caixa de entrada de uma "conta de e-mail B", que é ignorada a maior parte do tempo.

Isso não é fácil.

Mas é possível, e é isso que você deve buscar.

AS 7 REGRAS DE OURO DO E-MAIL MARKETING

Não gosto de escrever nada que deve sempre ser seguido à risca.

Até porque acredito que você precisa dominar as regras, para então saber como quebrá-las.

Por exemplo, uma boa prática é você escrever corretamente.

Ainda mais eu, um profissional que trabalha com palavras.

Mas em 2016 fiz uma ação arriscada. Decidi escrever um e-mail com UMA palavra errada em destaque no assunto.

O e-mail foi esse aqui (apenas um trecho para você entender):

Assunto: CORRÃO! O marketing digital vai morrer! (Spoiler: não)

Do Escritório de Gustavo Ferreira

Quarta-Feira, 17/08/2016, 14:34

Caro Amigo,

Ontem falei um pouco sobre as empresas do Great Places to Work, e como elas transformam a vida das pessoas.

Nenhuma vende "cursinho digital".

(Ou se vendem é de uma forma muito mais forte)

Veja...

Ando desiludido com o "marketing digital".

Mas no mar de mentiras, você encontra muitas coisas boas.

Vamos ver algumas coisas de outro ângulo.

E-mail marketing é e continua sendo a ferramenta de marketing com ROI mais alto.

Veja... eu sabia que esse era um movimento arriscado, mas consegui atingir meu objetivo.

Primeiro... foi proposital escrever errado **porque eu queria chamar a atenção**.

Inclusive para quem não entendeu, acabei escrevendo um novo e-mail "explicando" o erro.

Segundo...

Esse e-mail foi um dos meus "recordes" de abertura.

Recebi algumas respostas hilárias falando que eu era um mal profissional, outros entenderam na hora o que fiz, e mais algumas dezenas de respostas avisando do meu "erro"...

Mas como consegui chamar mais a atenção que o normal (lembra da pilha "A"?)...

Também foi um dos e-mails que mais vendi (foi uma campanha rápida de dois e-mails apenas).

Lembre-se...

Isso foi calculado e planejado por semanas.

Não acordei um dia "do nada" e decidi fazer isso (ok, foi mais ou menos assim, mas tive que planejar muito bem a execução).

Porque eu tinha que criar um plano de contingência caso desse errado porque era MUITO arriscado enviar esse e-mail.

Isso poderia acabar completamente com minha autoridade.

Mas no fim, tudo deu certo.

E não pretendo repetir essa tática, é muito estresse para apenas um e-mail.

Mas vamos às "Regras de Ouro" fundamentais.

Regra de Ouro #1:
Não seja chato

Essa é a regra que você SEMPRE deve seguir.

Seus e-mails devem ser interessantes.

Você faz isso entregando valor, ao mesmo tempo que você simplesmente é... legal.

Imagine que seu cliente é um amigo e vocês estão tomando café juntos.

ESSE deve ser o tom do seu e-mail.

Regra de Ouro #2:
Entretenha e resolva problemas

As pessoas estão em busca de duas coisas:

Resolver dores e se divertir.

Por isso você deve criar e-mails que são divertidos, leves... ao mesmo tempo que resolvem problemas do seu cliente.

Por exemplo, na minha lista da CopyCon, sempre trago uma história pessoal (entretenimento) e trago uma lição de negócios e/ou copywriting (resolver problemas).

Regra de Ouro #3:
Seja pessoal

Chame seu cliente pelo nome.

Use "você" o máximo de vezes que você conseguir.

Conte suas próprias histórias.

Você percebeu que boa parte do que já escrevi nesse livro são pequenas histórias minhas ou com clientes?

Porque as pessoas estão em busca de conexões pessoais.

Isso o diferencia no mercado.

Regra de Ouro #4:
Use e abuse do "PS"

Muitas pessoas abrem o e-mail, leem por cima e vão para a última linha.

Você pode seguir algumas boas práticas:

1. Faça um resumo do e-mail em 2 linhas...
2. Faça a sua oferta (também em 1 ou 2 linhas)...
3. Diga o que virá no próximo e-mail (abra um *loop* para criar expectativa e curiosidade)...

Essas são algumas práticas simples, mas que geram muitos resultados.

Exemplo 1:

À Sua Riqueza e Felicidade!

Gustavo Ferreira

PS: se por algum motivo você ainda não tem o livro *Gatilhos Mentais*, garanta agora... porque em breve vou dar um pequeno presente para você :)

PPS: a partir de DOMINGO, vou fazer algo que estava relutando em fazer (e espero não me arrepender).

Exemplo 2:

PPS: se você quer ir MAIS fundo... o Programa ELITE está fechado, mas você pode entrar na fila de espera preferencial... ou responda esse e-mail e me avise do seu interesse, ok?

PPPS: aproveite e veja também as Cartas de Ouro para empreários para estratégias SÓLIDAS de negócios para você

Exemplo 3:

PS: na próxima aula você entenderá como montar a sua estrutura de comunicação, começando por suas headlines

Regra de Ouro #5:
Sempre coloque "datas finais" nas suas ofertas

A maior parte das pessoas só age no último minuto de uma oferta.

Por isso é importante você sempre colocar prazos para as pessoas agirem. Assim você ativa o FOMO (*Fear of Missing Out*, o medo de perder algo, ou ficar de fora).

Em campanhas mais completas, mande pelo menos dois e-mails avisando que é a última chance de se inscrever.

Em uma campanha recente que fiz, 60% das vendas vieram no último dia da campanha (e enviei apenas 2 e-mails com um "aviso amigável" que era a última chance).

Aviso Importante!

Há formas e formas de se fazer e-mail marketing.

Eu nunca gostei de trabalhar com "escassez pesada", ou seja, como é comum principalmente no mundo do marketing digital você enviar 4 ou 5 e-mails no "último dia" de uma campanha.

Você terá resultado?

SIM!

Porém, comecei a perceber algo muito importante em minhas campanhas recentes.

Mais de 70% dos clientes que compram no "último dia", acessam seu material apenas uma ou duas vezes (e dificilmente colocam algo em prática).

Em comparação (dependendo de como você monta sua mensagem), 90% dos clientes que compram no "primeiro dia" de uma campanha (quando você apenas avisa que seu produto está disponível)...

Colocam a mão na massa e tem resultados.

O que me levou a desenvolver uma abordagem diferente, que compartilho com você.

Essa abordagem é a seguinte:

1. Crio uma página de captura "difícil" de se fazer opt-in (veja a página de captura anti-lead mais para frente)
2. Eu segmento as campanhas da seguinte forma: se você abriu pelo menos uma das mensagens "pré-venda" (geralmente que envolvem conteúdo e histórias relevantes sobre o assunto), então você também recebe a mensagem de vendas (veja as campanhas "hard sell" mais a frente).
3. Eu envio no MÁXIMO 2 e-mails no último dia de uma campanha (e a maioria das vezes tenho enviado apenas um e-mail - e já houve casos em que nem enviei nenhuma mensagem no último dia).

A maior desvantagem é que SIM, tenho menos vendas do que poderia.

A maior vantagem, é que tenho clientes MELHORES. Clientes engajados.

Pessoas que estão comigo, que acreditam em mim e no que transmito, e partem para AÇÃO.

É uma equação difícil de balancear, mas...

Eu sei que poderia faturar pelo menos 30% a mais do que faturo hoje...

Mas escolho ter clientes melhores.

Regra de Ouro #6:
Segmente seus e-mails

Imagine três pessoas que chegam até você em busca de uma solução para o problema delas (para esse exemplo, buscar um emprego que pague um bom salário).

A primeira acabou de sair da faculdade e está em um busca do seu primeiro emprego.

A segunda é diretora de uma empresa multinacional e ganha R$ 20 mil mensais.

A terceira é um profissional superespecialista que só é chamado quando nenhuma outra solução funciona.

Pessoas diferentes, necessidades diferentes.

Para essa primeira pessoa, não adianta no momento de vida dela você falar sobre coaching de carreira e formações específicas para gestão. Ela ainda precisa "começar" a sua vida.

Para a segunda pessoa, ela não quer dicas de como formatar um currículo para o primeiro emprego.

E a terceira pessoa provavelmente só não quer dor de cabeça com os clientes, quer fazer o trabalho e receber por isso.

<u>Quanto mais personalizado você deixar suas comunicações, mais resultados terá.</u>

Aviso Importante!

É importante você segmentar seus e-mails? Sim.

Só quero compartilhar um ponto alternativo a isso, com base em números também.

Imagine que você tem 5 "perfis" diferentes de clientes que podem comprar o seu "primeiro produto".

Se você segmentá-los no momento da captura do lead (como o modelo de quiz que você verá mais para frente), é provável que você terá aproximadamente 20% a 30% a mais de vendas.

Muito bom, não é?

Porém, percebi algo diferente ao longo do tempo (depois de 2 a 3 meses de comunicação).

Se você manter a MESMA segmentação inicial, sua conversão tende a cair.

Por exemplo:

Imagine que você criou uma segmentação de opt-in (captura de pelo menos nome e e-mail do seu cliente), e o próprio cliente disse "Estou começando meu negócio digital do zero" (e uma das outras opções de segmentação é "Já tenho um negócio digital").

Se daqui 3 meses você enviar uma mensagem para esse cliente para ele começar um negócio digital do zero... provavelmente ele não vai comprar.

Porque é muito provável que ele já saiu da sua segmentação inicial.

Ou seja...

A segmentação de entrada precisa sempre ser atualizada para continuar convertendo... ou apenas mandar um e-mail "para todo mundo".

Hoje, o que mais faço é fazer "segmentação por engajamento".

Se o cliente interage com determinado conteúdo no "funil de vendas", acabo enviando uma mensagem de vendas para ele sobre esse assunto.

Se não, tento fazer com que ele interaja em mais 3 a 5 assuntos diferentes.

Se não interagir com nenhum assunto (por exemplo: não abrir nenhum e-mail ou não clicar em um link), simplesmente o descadastro.

E se ele interagir, recebe a mensagem de venda correspondente.

Regra de Ouro #7:
Venda Sempre

Você reparou que já espalhei nesse livro vários links para outros produtos meus, certo?

O mesmo vale para seus e-mails.

Por mais que você precise sempre entregar valor e conteúdo relevante, você deve sempre atrelar isso a uma oferta sua.

Assunto: 80% dos CEOs não confiam em você
Do Escritório de Gustavo Ferreira
Terça-Feira, 27/12/2016, 14:53

Caro Amigo,

Hoje é um dia especial!

Porque o Natal passou e ganhei dois livros do David Ogilvy! (eu sou nerd, é minha essência ;-)

Além de estar pilhado estudando... não sei para você, mas meu funil continua firme e forte (e dos meus clientes também).

Claro, nesse final de ano tem uma pequena queda das visitas e vendas, mas a métrica-padrão se mantém.

O que quero dizer com "métrica-padrão"?

Se 100 pessoas leem meu artigo Gatilhos Mentais na Prática (https://copycon.com.br/gatilhos-mentais-na-pratica/), 2 compram. E a cada 100 pessoas que compram o livro, o cenário de controle é que terei 5 novas vendas do Programa Elite, (https://copycon.com.br/em-elite). (e minha campanha de teste atual está com conversão maior do que 5%)

Por que estou falando esses números para você?

Porque hoje vi um vídeo do Drayton Bird, onde ele fala de uma empresa que pesquisou e analisou 500 campanhas de marketing...

E descobriu que 80% dos CEOs não confiam no marketing.

(isso estamos falando no mundo inteiro)

Repare como há links de vendas e conteúdos, mas se fundem de forma natural à mensagem.

Isso é o que chamo de "soft sell". Uma venda suave, não invasiva.

Vamos falar mais disso daqui a pouco.

E o melhor é que você pode sempre usar isso para segmentar o interesse dos seus clientes.

Procure (dentro do possível) planejar no mínimo um e-mail por semana com conteúdo para sua lista, e uma campanha completa de vendas por mês.

Se você mantém a consistência na sua comunicação (por exemplo, todas as semanas enviando dois e-mails "legais" e com conteúdo), em uma dessas semanas você pode enviar 4 a 6 e-mails fazendo uma oferta.

Regra de Ouro "Bônus":
Tenha sempre um objetivo definido para cada e-mail que você enviar

Esse é um "bônus" muito importante.

O ideal é que cada e-mail tenha apenas UM objetivo.

Geralmente você quer que seu cliente...

1. Clique no link.
2. Responda o e-mail.
3. Ligue para você.
4. Compre.

A maior parte das vezes o item 4 (comprar) está ligado ao item 1.

A diferença aqui é o *frame*, o quadro mental que você constrói na mente do seu cliente.

Se você quer que ele clique no link para consumir um conteúdo, o foco é total no benefício do conteúdo (e também trabalhando a curiosidade). Por exemplo:

Assunto: Como você define o seu cliente ideal (1 Vídeo +1)
Do Escritório de Gustavo Ferreira
Sábado, 23/09/2017 (escrito um dia antes)

Hoje é um dia especial!

Porque fiquei praticamente uma semana inteira sem internet :(

Mas agora está (quase) tudo normalizado e estou voltando à programação normal.

Semana passada pedi para você fazer QUALQUER pergunta (e isso ainda está valendo)...

Recebi 58 perguntas a última vez que contei (e ainda continuam chegando).

Hoje vou responder DUAS perguntas para você:

1. O Cláudio perguntou: Como Você Define o Seu Cliente Ideal Quando Está no Começo?

Minha resposta é um pouco não ortodoxa... e a MELHOR forma que conheço de fazer isso é FORA do "mundo digital".

Veja Agora: Como Você Define o Seu Cliente Ideal Quando Está no Começo?

https://goo.gl/B19jmu

2. Com tantas coisas para você fazer... como você dá conta de tanta coisa?

Essa foi a pergunta do Thomaz Morganti... e sei que isso também deve o assolar.

Agora, o verdadeiro segredo do sucesso na gestão do tempo (além de tudo que explico no vídeo)... é usar meu "truque" de 5 minutos que explico no final.

Se você também sofre com a gestão do tempo, assista agora: "Truque" de 5 Minutos Para Gestão do Tempo (e mais)

https://goo.gl/xrPrZ8

Pode continuar enviando suas perguntas! (vale qualquer coisa. A resposta vai por e-mail e/ou em vídeo)

Em breve, terei muitas novidades ;-)

À Sua Riqueza e Felicidade!

Gustavo Ferreira

Se você quer que ele compre o que está sendo oferecido, você precisa de outras estratégias de comunicação.

Focar na dor, focar no prazer, contar casos de sucesso, e mesmo resumir a sua oferta principal.

Assunto: 72 vezes

Essa é a quantidade de campanhas de e-mails que eu já criei nos últimos 3 anos.

Em pelo menos 70% delas usei tudo que ensino para você no Programa Elite.

Inclusive meus modelos de 16 e-mails, campanhas relâmpago e campanhas "broadcast".

E mais importante...

Não apenas eu, mas com todo mundo que aplica as sequências...

Os RESULTADOS são SEMPRE EXCEPCIONAIS.

Veja...

Eu não posso garantir que você terá sucesso em sua campanha. Eu mesmo já errei o alvo mais vezes do que gostaria.

Mas desde que lancei o Programa Elite, mais de 150 pessoas já passaram por ele.

E o que é mais fantástico...

É que basta você seguir as orientações (do diagrama de e-mails, as fases da venda, o e-mail secreto, e outras técnicas avançadas)... e você terá sucesso.

Clique aqui para descobrir como você mesmo pode usar todos esses recursos. (← link)

Em todos os casos que você cria uma campanha, o objetivo é vender seu produto... mas a chave para isso... é mostrar COMO a vida do seu cliente será transformada.

Quando você domina o conceito principal de uma campanha de vendas completa...

Você consegue otimizar ao máximo suas conversões.

Porém, você precisa SABER a melhor forma de fazer isso.

Por isso os modelos de 16 e-mails automáticos fazem você ganhar tempo (e dinheiro).

E se você quer fazer campanhas de "reabertura", tem duas campanhas relâmpago à sua disposição... e mais 14 modelos de e-mails para você usar quando quiser :)

Clique aqui para descobrir como você pode ter acesso a todo o programa. (← link)

O Programa Elite é completo para você criar suas campanhas de e-mail em um simples e FANTÁSTICO programa:

- **Programa E-Mail Marketing ELITE, com mais de 10 horas de conteúdo sobre e-mail marketing.**
- Bônus: 42 Modelos de E-mails PRONTOS para você usar.
- **Programa Copy Espresso, com mais 8 horas de conteúdo sobre copywriting e o PASSO A PASSO para você criar sua carta de vendas.**
- Bônus: Modelos de cartas de vendas para webinários, upsells e Roteiro Premium de 15 Passos.
- **Intensivo de Carta de Vendas, com mais 1 hora de conteúdo com o Passo a Passo do Roteiro Premium de 15 Passos.**
- Grupo no Facebook para você tirar suas dúvidas.
- **Mais todo o conteúdo que está sendo atualizado.**

Com tudo isso, você aprende a base fundamental para ter resultados com suas campanhas de e-mail, e otimizar sua carta de vendas.

Mesmo quando você está no começo, ou se já tem uma estrutura rodando, os benefícios são enormes.

Já vi VÁRIAS pessoas tendo resultados imediatos quando começaram a rodar as campanhas de e-mail como ensino.

E recebo tantos retornos como esse...

Porque o resultado é sempre... ASSOMBROSO! (no bom sentido) :-)

Com certeza absoluta você vai se beneficiar dessas técnicas.

O poder disso não pode ser negligenciado... na verdade, você deve mesmo considerar usar.

CLIQUE AQUI para começar com suas aulas e todo o Programa Elite. (← link)

À Sua Riqueza e Felicidade!

Gustavo Ferreira

PS: também gravei uma mensagem em vídeo para a família CopyCon, então clique aqui para ver (← link)

PPS: se o link acima não funcionar, então copie e cole o texto abaixo no seu navegador:

<link>

São *"frames"* diferentes. E vamos ver mais alguns exemplos mais para frente.

Exercício de Revisão

1. O que, de forma ideal, TODAS as suas campanhas e ofertas por e-mail devem ter?
2. Quando você deve vender (mostrar ofertas) nas suas campanhas de e-mail?
3. Quais são as 3 primeiras Regras de Ouro, e que você NUNCA deve esquecer?

Se você quer participar do Programa Elite, acesse um desses links:
Programa Elite Essencial:
https://copycon.com.br/em-elite-essencial
Série de Lições:
1. Parece cocaína:
https://copycon.com.br/elite-cocaina-pre2-1/
2. Estratégias de Marketing:
http://copycon.com.br/elite-estrategia-p1/

Regra de Ouro "Bônus 2":
Qualidade é melhor do que quantidade

Vamos falar mais disso no capítulo sobre geração de leads...

Mas quero deixar claro uma coisa muito importante.

Não importa você ter 10 mil leads, se você apenas interagem com 1% ou 2% deles.

É melhor ter MENOS leads, mas que interagem com você...

Do que ter milhares de leads, que mal abrem seus e-mails.

Com uma lista de 2 mil pessoas engajadas, você pode consigo faturar 5 dígitos (+10 mil reais) mensalmente.

Se você tem boas ofertas e uma comunicação constante e consistente, o céu é o limite.

Começando: Como Você Cria sua Lista de E-mails

Se você é novo nesse mundo, pode ser que você ainda não tenha uma lista de e-mails criada.

Então vou começar com alguns conceitos básicos e vou evoluindo até algumas das minhas técnicas mais avançadas de automação e vendas.

O que é um lead?

Um lead é uma pessoa que deixa os dados de contato para você interagir com ele.

No mundo do e-mail marketing, um lead é geralmente tratado como apenas o e-mail da pessoa.

Alguns "gurus" dizem que você deve capturar apenas essa informação (o e-mail).

Eu digo que você deve capturar <u>no mínimo</u> nome e e-mail do lead.

Hoje incluo muito o telefone ou WhatsApp também.

E devido à Lei Geral de Proteção de Dados, em breve será obrigatório um "checkbox" de consentimento em receber ofertas e mensagens.

Aqui tem um conceito muito importante.

Quantidade de Leads Não Significa Qualidade

Em uma campanha com um cliente, ele estava conseguindo R$ 0,14 por lead com seus anúncios.

Porém, logo após a campanha fiz uma análise da lista, e o resultado foi decepcionante. De 23 mil leads, 10.800 não abriram <u>nenhum</u> e-mail enviado.

Logo... eram apenas um custo.

Nesses casos, sempre sugiro excluir os e-mails que não interagem, e usar como *remarketing* para tentar uma nova interação pelas mídias sociais.

Pense o seguinte...

Se você encontrou uma informação que é muito importante para você... e você precisa deixar seu nome, e-mail e telefone para ter acesso...

A tendência é que você dará mais atenção a esse conteúdo.

Empresas B2B fazem muito isso.

Quanto mais informação você pedir na sua "captura", existe uma tendência do seu lead ter muito mais qualidade.

Ferramentas de E-mail Marketing

Existem várias soluções no mercado que você pode usar para suas campanhas.

Hoje uso e recomendo o Active Campaign (para e-mail marketing).

Para criar minhas páginas de captura, de venda, etc., uso o OptimizePress.

Preste atenção:
nenhuma ferramenta é completa ou perfeita.

Sugiro você simplesmente escolher uma e usar.

Essa dupla que uso (Active Campaign e OptimizePress) resolvem 90% das minhas necessidades.

As eventuais falhas eu simplesmente contorno.

Na área de bônus do livro tem um vídeo com uma explicação rápida de como você usa o Active Campaign. (acesse aqui: http://copycon.com.br/bonus-livro-email)

Outras ferramentas são o MailChimp e AWeber. Soluções mais robustas incluem InfusionSoft e ClickFunnels.

Existem soluções brasileiras, como o RD Station e o LeadLovers.

A proposta dessas duas é serem plataformas mais completas, com páginas de captura, venda e áreas de membros integradas, ou seja, mais do que apenas e-mail marketing.

Mais uma vez, nenhuma delas é completa ou perfeita.

Escolha uma e use :)

SE VOCÊ AINDA NÃO TEM NENHUM TRABALHO COM E-MAIL MARKETING...

Se você está no "zero absoluto" com suas campanhas de e-mail, pode ser que você esteja em três situações:

1. Você está começando seu negócio digital.
2. Você já tem um negócio (físico ou digital), mas não captura os dados do seus clientes.
3. Você já tem um negócio (físico ou digital), e captura os dados dos seus clientes, mas não interage com eles.

Se você faz parte do "item 3", veja o próximo tópico desse capítulo e o tópico **"Tenho os e-mails... e agora?"**).

Se você faz parte do "item 2", a maior chance é que você tenha um negócio físico.

Você apenas precisa mudar uma coisa: passe a pedir os dados do seu cliente e pergunte se eles querem receber material por e-mail.

Por exemplo...

Um restaurante deixou em todas as mesas um formulário para os clientes preencherem... e quem colocasse um e-mail válido, ganharia um código especial com 10% de desconto na próxima refeição.

Você pode fazer algo parecido.

Também há empresas que recebem muito tráfego em suas páginas de internet.

Mesmo se você recebe "pouco" tráfego, uma comunicação extremamente simples e que funciona é você pedir para as pessoas entrarem para sua "Lista VIP".

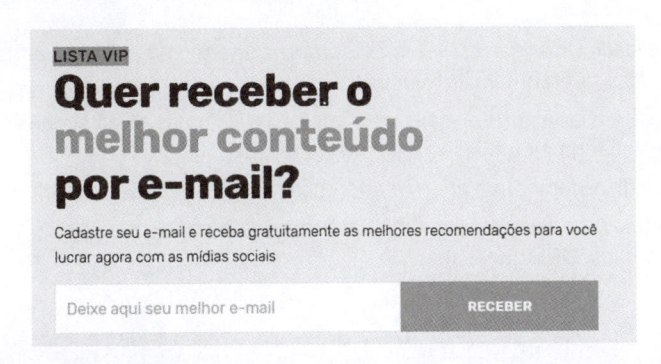

LISTA VIP
Quer receber o melhor conteúdo por e-mail?
Cadastre seu e-mail e receba gratuitamente as melhores recomendações para você lucrar agora com as mídias sociais

[Deixe aqui seu melhor e-mail] [RECEBER]

Você não gostaria de fazer parte de uma "Lista VIP"? :)

Claro, o relacionamento que você gera depois com a pessoa que deixa o e-mail é o que conta.

E se você está começando seu negócio digital, veja o tópico "Técnicas de Captura" que vou explorar um pouco mais as "trocas" que podem ser realizadas para você começar a construir sua lista.

SE VOCÊ JÁ TEM UMA BASE DE CLIENTES...

Se você já tem uma base de clientes e ainda não trabalha e-mail marketing, precisa tomar alguns cuidados.

O principal deles é...

Não inunde logo de cara seus clientes com e-mails.

Porque eles ainda não estão acostumados com você.

Sugiro você fazer como o e-mail do Grão Espresso no começo desse livro.

Quando é um e-mail inicial para clientes que já interagiram comigo, gosto de fazer como fiz com essa clínica de oftalmologia:

Assunto: Como Cuidar dos Olhos (parte 1 de 3)

Olá Amigo,

Aqui quem fala é o xxxxxxxxxxxxxxxxxxxx

Você está recebendo este e-mail porque em algum momento você passou em consulta aqui em nossa unidade, comigo ou com meu sócio xxxxxxxxxxxx.

Hoje decidi mandar esse e-mail porque acredito que é possível uma medicina diferente, mais humana.

Decidi enviar alguns e-mails para você com algumas dicas simples... e vou enviar uma ou duas vezes por semana, ok?

Essas dicas farão uma enorme diferença para a saúde dos seus olhos.

Porém... para eu entregar a melhor informação para você... preciso saber o que VOCÊ quer saber.

COMEÇANDO: COMO VOCÊ CRIA SUA LISTA DE E-MAILS

> Então antes da primeira dica de hoje, quero pedir um favor.
>
> Quero que você acesse esse link e me responda qual a sua maior dúvida sobre a saúde e cuidados com seus olhos: <link>
>
> Assim posso saber um pouco mais de você e entregar o que você realmente precisa!
>
> A primeira dica que quero passar para você é sobre o uso do computador.
>
> Sim, parece estranho, mas isso é muito sério.
>
> Existe um processo de envelhecimento natural da visão, e geralmente próximo dos 40 anos, você começa a ter dificuldade de enxergar de perto.
>
> <Continua...>

Disse que estava preparando alguns materiais, e precisava da ajuda deles para saber o que queriam.

E passei a enviar dois e-mails por semana para essa lista com base nas respostas que as próprias pessoas deram.

Recebemos vários e-mails de resposta agradecendo pelo conteúdo, e tão importante quanto: os clientes marcaram novas consultas.

Se você tem um negócio físico e começa a adicionar essa estrutura de e-mail marketing, sugiro <u>no mínimo</u> você começar pelo simples:

1. Mande um e-mail de boas-vindas, agradecendo por ter escolhido você (e se possível dê algum conteúdo, bônus ou presente, e deixe claro que você enviará mais materiais).
2. Alguns dias depois pergunte se está tudo bem, e se tem alguma dúvida sobre o produto/serviço, e se tem algo que você pode ajudar.
3. Prepare pelo menos 3 ou 4 conteúdos que sejam do interesse do seu público e envie (no mínimo 1 vez por semana)...
4. Mande mensagens de Feliz Natal, Páscoa, Dia das Mulheres, etc.
5. Se você tem a data de aniversário dos clientes, dê os parabéns.
6. Aproveite os e-mails dos itens 4 e 5 para fazer promoções especiais.
7. Aproveite os e-mails do item 3 para falar de outros produtos ou serviços que você oferece (se aplicável).

Esse é um primeiro passo para você começar a estruturar de forma <u>estratégica</u> a sua comunicação.

Agora, pense o seguinte.

Há nichos e negócios que as pessoas não tendem a voltar tão rápido.

Por exemplo... imóveis ou gráficas.

Qual estratégia recomendo?

Você constrói sua autoridade com conteúdo relevante (planeje pelo menos 1 ano de comunicação).

Porque se você está sempre presente para seu cliente, quando ele precisar do serviço que você oferece, existe uma tendência que ele irá confiar mais em você do que em qualquer outro concorrente que não entrega valor.

Isso é o que chamamos de "Autoridade" (e explico mais no artigo Gatilhos Mentais na Prática: https://copycon.com.br/gatilhos-mentais-na-pratica, e meu outro livro *Gatilhos Mentais*).

Nesses nichos que o tempo de retorno do cliente é alto, isso é ainda mais importante.

O maior vendedor de carros dos Estados Unidos, Joe Girard, conseguiu esse feito por um único motivo.

Ele manteve a comunicação com <u>todos</u> os *prospects*, e sabia exatamente a necessidade de cada um, quando havia trocado de carro, e mesmo algumas coisas pessoais quando tinha abertura para isso.

Ou seja, como já disse para você...

Consistência é a Chave

Entenda e aplique essa lição e você terá sucesso.

TÉCNICAS DE CAPTURA DE E-MAILS: O SIMPLES QUE FUNCIONA

Se você já tem site, ou está começando agora seu negócio, pode usar algumas técnicas simples para "capturar e-mails".

Essas páginas de captura são conhecidas como páginas de "opt-in", ou seja, a pessoa deixa os dados de contato e pede para receber o seu conteúdo.

Agora, uma pergunta importante...

O que você deve oferecer como "troca" para as pessoas deixarem o e-mail delas para você?

Algumas coisas simples ainda funcionam, por exemplo, criar um e-book, ou ver um vídeo com uma aula especial.

O que faz a maior diferença é...

Resolver um Problema Específico

Por exemplo...

Imagine que você está no nicho de "leitura dinâmica".

Uma "moeda de troca" simples e interessante é você oferecer uma aula especial de 4 minutos para você diminuir pela metade o tempo de leitura de livros.

Mais um ponto importante...

Não existe resposta certa do que vai funcionar...

E a única maneira de saber se uma "recompensa" irá funcionar é...

Testando

Nesse exemplo de "leitura dinâmica", eu testaria pelo menos três variações de "headline":

1. Dica Estranha Para Você Diminuir Pela **Metade do Tempo** a Leitura de Livros

2. Como Você Lê Livros na **Metade do Tempo** (com uma dica simples para você aplicar agora)

3. Professor Que Dá Aula Há 40 Anos e Lê 92 Livros Por Ano Revela Sua Técnica Especial Para Você Ler Livros na **Metade do Tempo**

Qual dessas chamadas funcionará melhor?

Impossível dizer sem um teste.

Quando faço uma campanha é comum testar 15 variações de páginas de captura para encontrar a que terá a melhor conversão.

Sugiro você buscar um mínimo de 20% de opt-in.

Ou seja, a cada 100 pessoas que visitam sua página, 20 deixam o e-mail.

Esse é o mínimo para você ter sucesso e saber se está "acertando a mão".

Se você consegue menos do que isso, é bom fazer novos testes.

Se você consegue entre 30% e 40% de opt-in, sua página está muito boa.

E se você consegue mais de 50%, sua página está excelente (uma das minhas páginas tem taxa de opt-in de 65%, já vou mostrá-la para você).

Claro, há exceções.

No começo da CopyCon eu tinha uma página de captura onde oferecia uma consultoria gratuita... e o opt-in dela era de 2% (também já vou mostrá-la para você).

Porém, pela **qualidade** dos leads, consegui dois contratos de R$ 15 mil.

Alguns formatos comuns de "recompensas" que você pode usar...

1. E-books
2. Vídeoaulas
3. Webinários
4. Templates
5. Checklists
6. Trials (de ferramentas)
7. Cupons de desconto
8. Minicursos
9. Consultoria por telefone
10. Quiz (exemplo: "Que tipo de empreendedor você é?", "Qual seu tipo de emagrecimento?")

Agora, uma pergunta importante:

Como Você Encontra um Problema "Específico" para Oferecer como "Troca"?

A chave realmente para você chegar nisso é através de uma pesquisa (veja nas Técnicas Avançadas mais para frente).

Mas vamos fazer uma "caminhada" para ajudar você a chegar nisso.

Por exemplo, imagine que a sua solução é um produto ou serviço que ajuda as pessoas a dormirem melhor.

Imagine que "dentro" do seu produto, existe uma técnica de respiração que ajuda no relaxamento do corpo (e consequentemente no sono).

Esse é um exemplo de "troca" que faz sentido. Se *eu* fosse fazer um teste com isso, testaria algo mais ou menos assim:

Descubra a Técnica que Faz Você Dormir em 4 Minutos (mesmo se você costuma ficar horas na cama acordado)

Ou, uma alternativa válida também, sendo ainda mais específico no público-alvo (imagine uma comunicação específica para quem mora na cidade de São Paulo)...

O Que os Paulistas Estão Fazendo para Conseguir Dormir à Noite em Apenas 4 Minutos

Sempre que você precisa encontrar essa solução para um problema específico, a base é a sua pesquisa.

Conhecer o seu público-alvo.

Se você ainda está no começo, está começando a criar seu negócio, vá fundo na pesquisa. Converse pessoalmente. Estude concorrentes.

Gary Halbert dizia que se você ler 10 livros sobre qualquer assunto, saberá mais do que muitos "especialistas".

E isso vale para qualquer nicho.

Conversando com um motorista de Uber que estava desempregado, já vi uma grande oportunidade de negócio.

Ele é químico e não consegue se posicionar no mercado de trabalho devido à situação do país (até tem vagas para ele, mas o salário não estava adequado).

Uma "troca" que eu poderia criar para que ele (e pessoas como ele) deixassem seus dados de contato poderia ser algo como...

Como **Químicos** Especializados em São Paulo Estão *Ganhando 3 Vezes* Mais do Que Antes da Crise

Claro, eu precisaria entregar um estudo de caso ou história que realmente resolvesse esse problema e mostrasse o caminho.

Mas, novamente...

Você não chegará em lugar nenhum sem uma boa pesquisa de mercado.

Como "regra geral", você pode pensar o seguinte:

O que você pode entregar/criar para seu público que...

1. É relevante e vai ajudar o seu público a resolver uma dor...
2. As pessoas podem consumir o conteúdo em alguns minutos (de 5 a 10 minutos)...
3. Pode ser gerado um benefício imediato (como dormir em apenas 4 minutos)...

Tenha isso como parâmetro e você tem uma boa referência para criar algo bom para seu público.

Exemplos de Estratégias com Páginas de Captura

Aqui estão alguns exemplos de páginas de captura para você usar.

1. Opt-in Simples

Esse é um exemplo de página de "captura-padrão".

Mesmo estando em inglês, preste atenção à estrutura da página (detalhada logo abaixo dela).

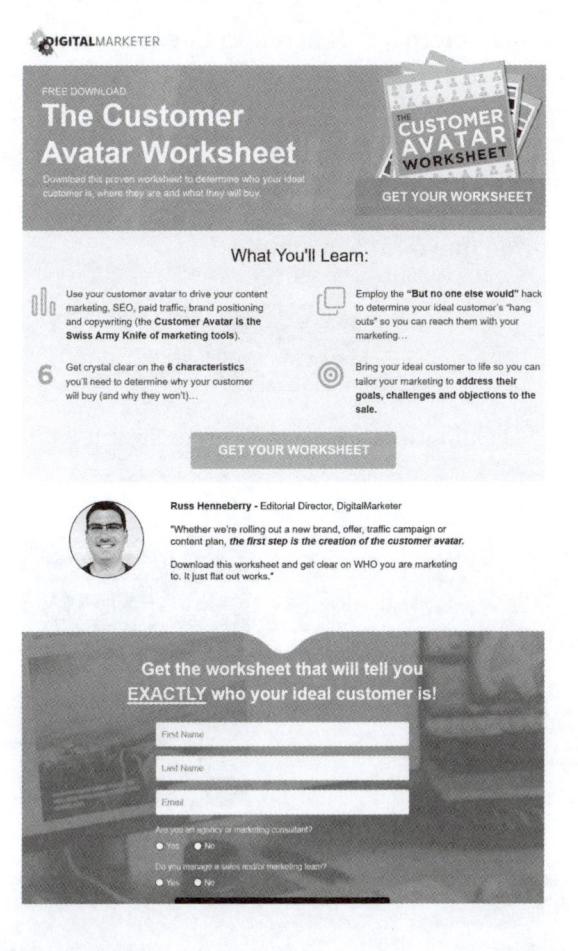

Vamos analisar alguns pontos dela:

1. Tem uma recompensa <u>específica</u> (um "gabarito" para você definir seu avatar).
2. Detalha os 4 benefícios principais que serão obtidos.
3. Estabelece a autoridade da pessoa que está por trás da empresa e do material.
4. Pede primeiro e último nome, e-mail, e faz duas perguntas de segmentação.

Trouxe essa referência para você porque o Digital Marketer é uma das maiores empresas de marketing digital do mundo.

Eles realizaram dezenas de testes nessa página até chegar nessa que, na data que escrevo esse livro, é a melhor versão deles.

Não tenho os números, mas acredito que a conversão dela é maior que 50%, e você pode tomá-la como referência.

2. Opt-in em 2 passos

Esse formato de página de captura costuma ter uma taxa de opt-in um pouco maior do que o "opt-in simples".

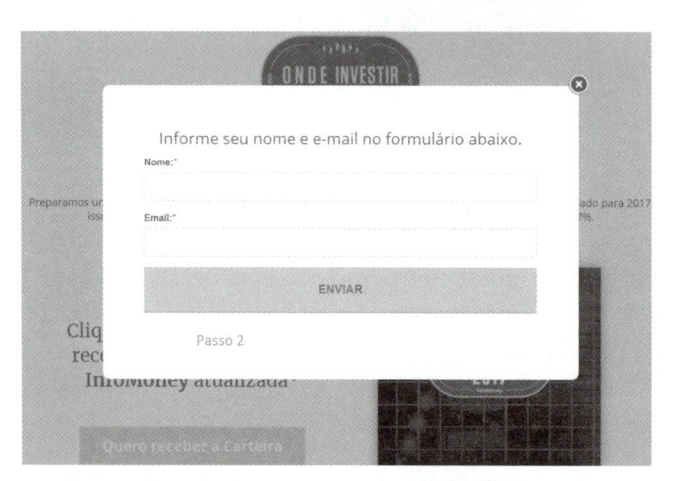

O seu cliente primeiro clica em um botão para receber o material (nesse exemplo, "Quero receber a Carteira"), e somente após aparece o formulário de opt-in.

Isso acontece porque ativa "microcompromissos" do seu cliente.

Se você adicionar uma barra de "50% concluído", você também transmite a sensação de "progresso" na mente dele.

E como ele já clicou no primeiro botão, existe uma tendência maior de completar o cadastro.

Importante: eu deixei de usar esse modelo porque comecei a ter muitos problemas com *mobile*. Faça muitos testes para garantir que não terá problemas.

3. Opt-in em 2 passos com segmentação

Esse é o modelo que mais gosto e quem criou esse conceito foi Ryan Levesque com seu Método Ask.

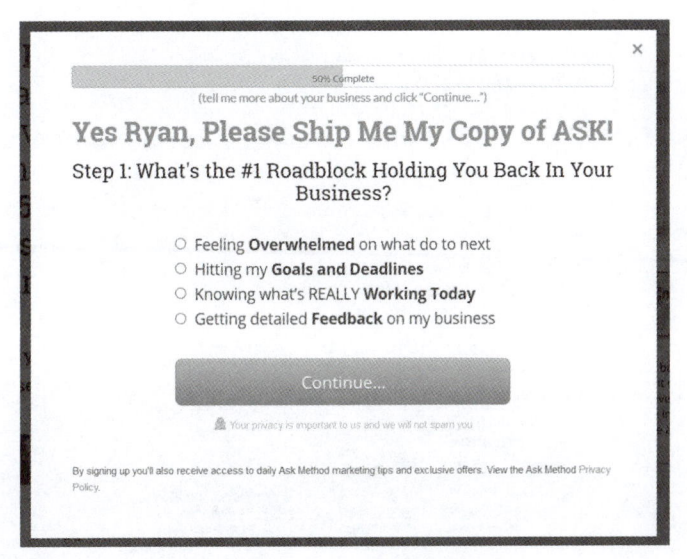

Tradução: Sim Ryan, por favor envie minha cópia do ASK!
Passo 1: Qual obstáculo #1 o segura no seu negócio?
1. Sinto-me sobrecarregado com o que fazer
2. Atingir meus objetivos e prazos
3. Saber o que realmente funciona hoje
4. Ter feedback detalhado no meu negócio

Aqui a sacada principal é que você já segmenta seu cliente logo no primeiro contato e pode colocá-lo em "funis de venda" diferentes de acordo com a opção que ele escolheu. Uma ferramenta que atende bem essa aplicação é a SurveyFunnel.io.

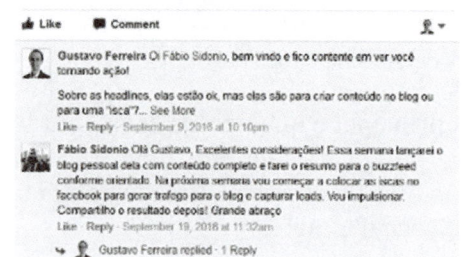

4. Página de Captura Anti-Lead

Essa é minha melhor página de captura, com 65% de opt-in.

Isso é para você se...

- ✓ Você é um empreendedor digital, e trabalha com produtos próprios ou afiliados...
- ✓ Você tem sua própria empresa de produtos ou serviços (físicos e digitais), e precisa vender mais...
- ✓ Você é consultor, coach, palestrante ou profissional autônomo que precisa de mais clientes...
- ✓ Você quer se desenvolver como copywriter...
- ✓ Você está começando no "marketing digital" e precisa criar suas copys...

ATENÇÃO!

Esse é um curso que você recebe apenas por e-mail.

Para você receber as 6 lições (e MUITO mais), deixe o seu melhor e-mail abaixo.

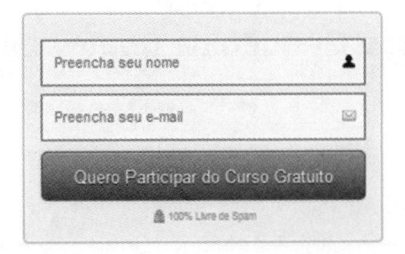

[Preencha seu nome]

[Preencha seu e-mail]

Quero Participar do Curso Gratuito

🔒 100% Livre de Spam

Suas *copys* nunca mais serão as mesmas.

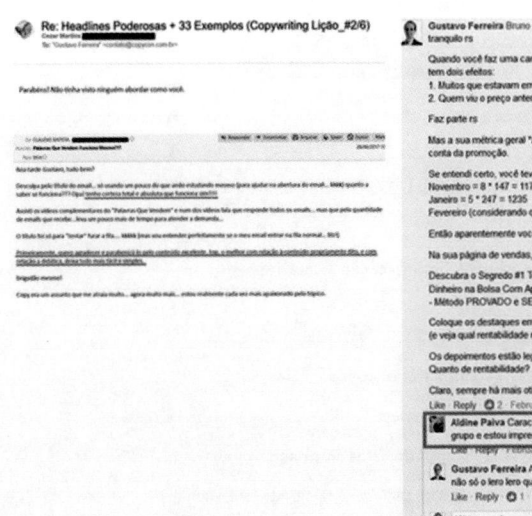

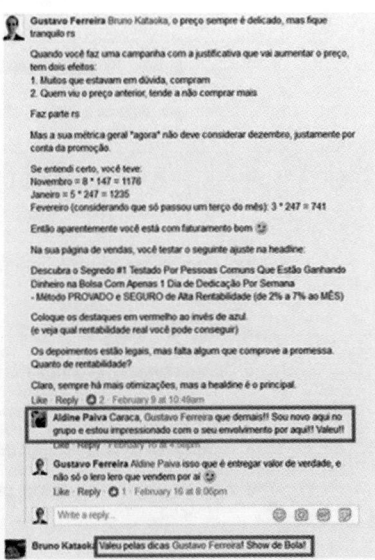

A promessa dela é simples: um curso gratuito de copywriting por e-mail.

Por que é uma estratégia "anti-lead"?

Porque para você conseguir se cadastrar, precisa ir até o final da página (em algumas variações de teste, peço para você NÃO se cadastrar).

(você pode ver a última versão atualizada dessa página nesse link: http://copywriting.com.br/curso-gratuito-copywriting)

Claro, preparei essa página para o leitor ficar com "água na boca" do que pode esperar.

Minha versão anterior dessa página com opt-in simples estava com 55% de opt-in:

CopyCon

Curso Gratuito de Copywriting

Conheça as **Palavras Que Vendem** e o poder da influência positiva para sua comunicação altamente persuasiva.

Acesse Agora o Curso Gratuito e receba **12 dicas rápidas** sobre os fundamentos do copywriting.

[Preencha seu nome]

[Preencha seu e-mail]

[Quero Participar do Curso Gratuito]

🔒 100% Livre de Spam

Descubra o poder das **Palavras Que Vendem** neste mini curso em **6 Lições** para você aprender...

1. O Fundamento Para a Comunicação Altamente Persuasiva...
2. O Segredo Para Sua Estratégia de Comunicação Completa...
3. Como Montar Headlines Poderosas...
4. O Poder das Histórias que Vendem...
5. Como Montar Sua Própria Carta de Vendas...
6. Muito mais bônus e presentes para você (incluindo templates)...

A estratégia por trás dessa página anti-lead é simples.

Imagine que você e eu fizemos uma "recompensa digital", e o João se interessou por ela.

Como a minha página é "anti-lead" (ou seja, dificulto um pouco o processo)...

O "meu" João é melhor do que o "seu" João.

Porque ele teve mais trabalho.

Em algumas estratégias mais arrojadas, o cliente tem que acessar duas ou três páginas ANTES de fazer o opt-in.

Isso aumenta muito a qualidade do lead.

Você pode ver essa estratégia em prática acessando esse endereço:

https://copycon.com.br/elite-estrategia-p1/

http://copycon.com.br/elite-cocaina-pre2-1/

Nesse caso, convido você a fazer o opt-in para poder receber algumas lições antes de comprar o curso em si.

Já fiz diversos testes, e na versão que está no ar no momento que escrevo, a pessoa interessada pode passar por até 14 páginas diferentes antes de chegar à página de vendas do produto.

Já fiz teste deixando uma caixa de opt-in no final, mas os números provaram que nesse caso específico era melhor direcionar para a página de vendas.

5. Content Upgrade

Você pode usar o método para seu cliente receber um complemento do seu conteúdo em seu blog, por exemplo.

Se você tem um artigo sobre 5 alimentos para emagrecer, você pode pedir o opt-in para ele receber mais 5 receitas em vídeo.

Para fazer o download de um checklist após um artigo de 5 mil palavras, deixe seu email

Essa estratégia é interessante e vou trazer um exemplo do Rafael Rez, que faz um trabalho bem relevante com tráfego.

Ele conseguiu se posicionar de forma orgânica com um artigo no Google para uma palavra-chave com um grande volume de visitas mensais.

Esse artigo já era muito bom, com bastante conteúdo relevante. Vendo o volume elevado de visitas, e que as pessoas realmente estavam interessadas no assunto, ele criou um complemento do conteúdo, com dicas extras para colocar em prática.

Ou seja, as pessoas continuaram visitando o artigo, e ele adicionou um "upgrade" de conteúdo no final dele.

Você também pode fazer isso em seus artigos mais visitados na sua página, ou seus vídeos mais vistos.

6. Social Locker

Essa estratégia tem ônus e bônus.

A ideia dela é que seu cliente precisa compartilhar nas redes sociais para poder liberar um conteúdo extra.

A vantagem é que você pode conseguir um bom volume de compartilhamentos. A desvantagem é que se você faz muito isso, você pode "cansar" o seu público.

Se você quer uma ferramenta para isso, pode usar o Social Locker.

Na minha campanha principal de e-mails faço dessa forma:

Texto do PS:

> PS: Ah, achou que ia ficar sem amor?
> Você já sabe o que fazer... compartilhe o amor e você receberá 100 assuntos que você pode usar nos seus e-mails... são assuntos provados, que geralmente superam as taxas de abertura normais. E receba uma lista de 71 "power words" que você pode usar para "rechear" suas headlines, e-mail, artigos, cartas de vendas...

Esse link abre um compartilhamento automático do Facebook.

Quem clicar nesse link recebe uma "tag", uma marcação na ferramenta de e-mails, e automaticamente recebe um e-mail bônus com uma lição complementar.

Assunto: [Copywriting] 100 Assuntos + 71 Power Words

Gustavo,

Aqui está mais um presente para você usar.

Dependendo de há quanto tempo você me acompanha, você já viu esses 100 assuntos de e-mails...

Mas é importante você vê-los de novo.

Porque agora você pode usá-los de forma mais estratégica.

E as "power words"...

São aquelas palavras gostosas, como o sal no arroz, que reforçam as emoções que queremos ativar.

Use com moderação.

E sem medo :-)

Aqui está seu presente. (← link)

À Sua Riqueza e Felicidade!

Gustavo Ferreira

Se você quer os 100 assuntos de e-mail que entrego nesse e-mail acima, acesse a área de bônus do livro. (acesse por aqui: https://copycon.com.br/bonus-livro-email/)

Uma outra forma que você pode fazer isso também é a seguinte:

Assunto: [35 Vídeos] Gatilhos Mentais Na Prática (+1 presente)

<e-mail com trecho cortado>

Veja...

APLIQUE o que falo nesses 6 vídeos...

E o tempo que você investir agora... voltará pelo menos 10x de resultados para você.

Ok?

Aqui está o link novamente: >>> 35 Vídeos de Gatilhos Mentais na Prática <<< (← link)

Agora...

PRECISO DA SUA AJUDA.

Estou com uma missão de ajudar 10 mil pequenos empresários (o que inclui você), a DOBRAREM suas vendas...

E para isso preciso de ajuda.

Então...

Vamos fazer um acordo?

Funciona assim:

> 1. Você clica nesse link (← link) e compartilha essa página no seu Facebook....
> 2. Em um ou dois dias terminarei de editar um documento que **NUNCA COMPARTILHEI COM NINGUÉM**... e vou enviar para você.

Nem mesmo meus clientes, nem copywriters próximos têm acesso a isso porque é um dos meus "arquivos secretos". (até por isso estou editando, como é de uso pessoal não está *exatamente* organizado)

Mas é minha forma de recompensá-lo por me ajudar.

A única pegadinha...

> É que só vou liberar esse documento se alcançar 35 compartilhamentos (um para cada gatilho).

Acredite em mim, valerá a pena receber esse documento. Será o compartilhamento mais lucrativo que você já fez na sua vida.

Então... compartilhe agora no seu Facebook (← link)... e em um ou dois dias enviar para você meu arquivo confidencial.

À Sua Riqueza e Felicidade!

Gustavo Ferreira

PS: só vou enviar o arquivo confidencial se você compartilhar o link, ok?

Criei uma "moeda de troca". Se eu recebesse no mínimo 35 compartilhamentos, entregaria uma aula bônus.

Com isso, recebi cerca de 84 compartilhamentos, e naturalmente um bom novo volume de visitas na página compartilhada.

7. Pop-up em blogs

Para ser sincero, não gosto dessa estratégia, mas aqui estão dois exemplos:

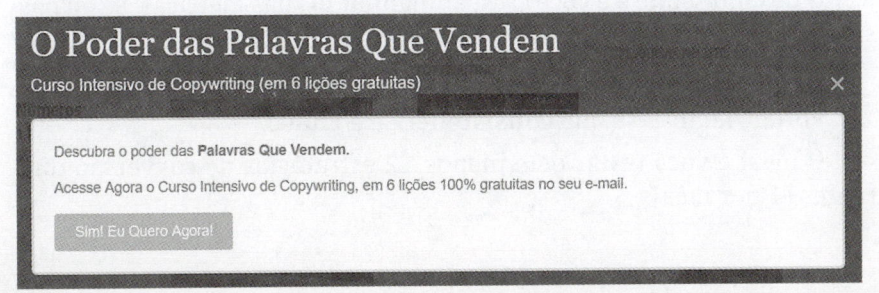

SÉRIE DE VÍDEOS QUE ENSINA O PASSO A PASSO PARA VOCÊ ACELERAR A CAPTAÇÃO DE CLIENTE E VENDAS DO SEU NEGÓCIO OU CRIAR UM NEGÓCIO DIGITAL USANDO ESTRATÉGIAS DE MARKETING DIGITAL.

(GRÁTIS)

SIM	NÃO
Eu quero receber essa informações	Eu já sei tudo sobre marketing digital e negócios e não preciso aprender com mais ninguém.

Uma boa prática para você é adicionar um botão "sim" ou "não" nesses pop-ups. Alguns testes mostram que a taxa de cliques é maior. (a explicação "técnica" disso é que se você dá a opção do "sim x não", você força a pessoa a pensar se ela realmente não quer o que é oferecido).

Não sei você, mas ignoro quase todos esses pop-ups, e até há pouco tempo não tinha no meu site.

Porém, aconteceu algo que não esperava.

O Facebook bloqueou minha conta de anúncios.

Para manter o mesmo fluxo de leads e vendas de antes, precisei rever todo o meu tráfego orgânico, e optei por essa estratégia.

Mas você lembra que já falei várias vezes que quantidade não é qualidade, certo?

Na data que escrevo esse livro, estou com uma média de 500 leads novos por semana.

Porém, desses 500 leads, 50 deles viram clientes (compram pelo menos um dos meus produtos) em um período aproximado de 22 dias.

Isso é muito ou pouco? Depende.

É difícil você encontrar esses números no mercado.

O desafio sempre é você crescer mantendo suas métricas. Se eu passar a receber mil leads por semana, vou conseguir manter esse número?

A experiência diz que não.

Porém, lembre-se que **consistência é a chave**.

O ideal é você testar pelo menos 12 estratégias de conversão diferentes (1 por mês).

Com o que funcionar melhor, faça um novo teste para trazer um volume maior de leads, e analise as métricas.

Sempre é um jogo de números.

Se você quer construir um negócio sólido, não deve existir "achismos".

Apenas os números dizem a verdade.

8. Tráfego do Youtube

Esse é um exemplo de como você pode usar o YouTube como uma fonte de leads.

Você pode usar os "cards" para enviar para uma página de captura sua.

Lembre-se de trabalhar uma palavra-chave forte no seu nicho, e trabalhe bem as "tags" do Youtube para conseguir um posicionamento melhor nas buscas.

Como Iniciar Um Negócio Proprio Com Apenas R$ 1000 e Sem Autoridade No Nicho

9. Consultoria

Uma "recompensa" que pode ser muito boa para consultores, coaches, palestrantes e produtos *high-ticket*, é uma página de captura oferecendo uma consultoria gratuita.

Minha própria página estava com 2% de opt-in, porém, me trouxe dois contratos de R$ 15 mil.

Copy da página de captura:

Agende Sua Consultoria Gratuita de 30 Minutos

Do Escritório de Gustavo Ferreira

Meu nome é Gustavo Ferreira, sou copywriter profissional e consultor estratégico de marketing e negócios.

Há 8 anos atuo dando consultoria em negócios de diversos portes e segmentos e nos últimos 2 anos me especializei em estratégias de marketing digital e na escrita de cartas de vendas.

Como muitos empresários e empreendedores precisam de ajuda em saber qual caminho seguir, **decidi fazer algo diferente para você**.

Quero conversar com você GRATUITAMENTE durante 30 minutos para ajudá-lo com a **melhor estratégia para você atrair mais clientes e vender mais**.

Para isso, **preencha agora o formulário abaixo** para agendar uma conversa diretamente comigo ou com um consultor sênior da minha equipe.

Itens do formulário:

- Preencha seu e-mail
- Preencha seu nome
- Qual seu telefone e/ou id Skype
- Você já tem um negócio próprio?
- Qual seu nicho principal de atuação?
- Como é seu modelo de negócios hoje? Dê o máximo de informações.
- Você tem uma estratégia de funil de vendas ou lançamento montada?
- Quais produtos ou serviços você trabalha? Qual seu carro-chefe?
- Qual o ticket médio do seu carro-chefe?
- Como os clientes chegam até você hoje?
- Você tem um site? Qual o endereço?
- Você já tem uma lista de e-mails? Está aquecida?
- Você trabalha com afiliados ou outros parceiros?
- Qual seu desafio nº 1 em seu negócio hoje?
- O que levou você a procurar uma consultoria de marketing hoje?
- Você está disposto a investir tempo e dinheiro em você e em seu negócio?
- Dê três opções de dias e horários para conversarmos

Agende Sua Consultoria Gratuita de 30 Minutos

Do Escritório de Gustavo Ferreira

Meu nome é Gustavo Ferreira, sou copywriter profissional e consultor estratégico de marketing e negócios.

Há 8 anos atuo dando consultoria em negócios de diversos portes e segmentos, e nos últimos 2 anos me especializei em estratégias de marketing digital e na escrita de cartas de vendas.

Como muitos empresários e empreendedores precisam de ajuda em saber qual caminho seguir, **decidi fazer algo diferente para você.**

Quero conversar com você GRATUITAMENTE durante 30 minutos para ajudá-lo com a **melhor estratégia para você atrair mais clientes e vender mais.**

Para isso, **preencha agora o formulário abaixo** para agendar uma conversa diretamente comigo ou com um consultor sênior da minha equipe.

| Preencha seu e-mail |
| Preencha seu nome |
| Qual seu telefone e/ou id Skype |
| Você já tem um negócio próprio? |
| Qual seu nicho principal de atuação? |
| Como é seu modelo de negócios hoje? Dê o máximo de informações. |
| Você tem uma estratégia de funil de vendas ou lançamento montada? |
| Quais produtos ou serviços você trabalha? Qual seu carro chefe? |
| Qual o ticket médio do seu carro chefe? |
| Como os clientes chegam até você hoje? |
| Você tem um site? Qual o endereço? |
| Você tem uma lista de e-mails? Está aquecida? |
| Você trabalha com afiliados ou outros parceiros? |
| Qual seu desafio nº 1 em seu negócio hoje? |
| O que levou você a procurar uma consultoria de marketing hoje? |
| Você está disposto a investir tempo e dinheiro em você e em seu negócio? |
| Dê três opções de de dias e horários para conversarmos |

Agendar Agora!

10. Anúncios

Esse aqui é apenas um exemplo de como você trabalha anúncios para enviar para sua página de captura.

Texto do anúncio:

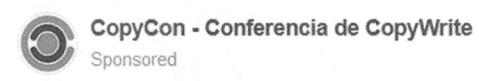

> **CopyCon - Conferencia de CopyWrite**
> Sponsored
>
> Descubra o Poder das Palavras Que Vendem Nesse Curso Por E-mail em 6 Lições.
>
> Você vai descobrir...
> ... O Fundamento Para a Comunicação Altamente Persuasiva...
> ... Aplicação Prática e REAL dos Gatilhos Mentais ...
> ... O Segredo Para Sua Estratégia de Comunicação Completa...
> ... Como Montar Headlines Podersosas...
> ... O Poder das Histórias que Vendem...
> ... Como Montar Sua Própria Carta de Vendas...
>
> E muito mais.
>
> Acesse agora e participe da nossa família de campeões!
>
> **PALAVRAS QUE VENDEM**
> · Curso Gratuito em 6 Lições ·
>
> **O Poder das Palavras Que Vendem**
> Nesse curso gratuito em 6 lições você vai descobrir todo o poder do copywriting, dos gatilhos mentais e como você cria sua comunicação persuasiva de forma completa.
>
> COPYWRITING.COM.BR — Sign Up

O que você deve prestar atenção aqui é...

Sua página de captura deve "continuar a conversa" que você iniciou no seu anúncio.

Canso de ver anúncios que levam para páginas de captura que têm um texto completamente diferente do que o anúncio dizia.

11. Bots

Aqui um exemplo "da moda" para você.

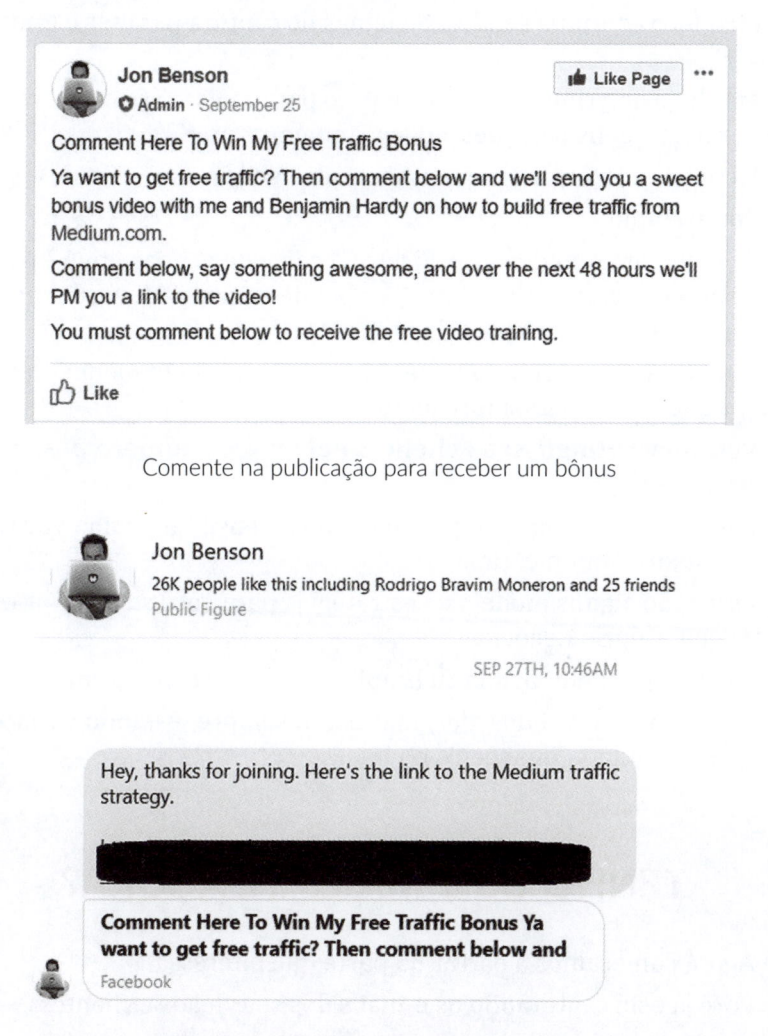

Comente na publicação para receber um bônus

Após o comentário, mensagem automática.

As duas ferramentas de bots mais usadas hoje são o ChatFuel e ManyChat, também cada um com suas vantagens e desvantagens. (apenas escolha um e use, vai por mim)

Você pode pedir para as pessoas comentarem em uma publicação no Facebook e automaticamente elas recebem um link via Messenger para fazer o opt-in.

Uma estratégia que tenho testado e também tem dado um bom resultado é amarrar a comunicação entre bots e e-mails.

Por exemplo...

Meu foco continua sendo as páginas de captura para ter o e-mail do lead.

Mas logo no primeiro e-mail eu peço para a pessoa se cadastrar para receber mensagens pelo Messenger também.

E então "sincronizo" as mensagens de vendas.

Por exemplo...

Se envio um e-mail sobre "Crie sua carta de vendas em 12 passos", no bot posso escrever algo como "Acabei de enviar para você um e-mail com os 12 passos para você criar sua carta de vendas, você já viu?".

Ainda estou "acertando a mão" com bots, mas independentemente disso, o que você deve sempre lembrar é...

Você deve atingir seus clientes pelo maior número possível de canais.

Por isso dei vários exemplos para você pensar em como você pode estruturar sua comunicação.

Esses são alguns modelos e estratégias para você se inspirar e aplicar em seu próprio negócio.

Todos os modelos acima eu já apliquei e testei com algum resultado.

Hoje não utilizo todos eles, mas estou sempre testando variações e olhando o resultado financeiro no final.

TENHO OS E-MAILS... E AGORA?

Agora começamos a entrar na parte que interessa.

Você já está capturando os e-mails dos seus leads e clientes...

Agora começa a comunicação.

Claro, isso varia de nicho para nicho, e talvez você precise adaptar um pouco mais ou um pouco menos para sua situação.

O **primeiro** e-mail é muito importante.

Nele você começa a estabelecer uma relação.

Os principais pontos para um e-mail de "boas-vindas" efetivo são:

1. Dizer oi (sim, isso é básico e muita gente esquece).
2. Se o lead veio de uma página de captura que oferece uma recompensa, relembrar "porque" eles fizeram o opt-in.
3. Estabeleça a sua autoridade, porque seu lead pode confiar em você.
4. Diga o que se pode esperar nos próximos e-mails.
5. (opcional). Ofereça algo novo (um conteúdo extra, por exemplo).
6. (opcional). Já faça sua primeira oferta "soft sell" (ou seja, apenas um link no e-mail).
7. Adicione um "PS" indicando o que virá no próximo e-mail.

Claro, essa é uma linha geral que *eu* estabeleço nos e-mails que crio.

Aqui está um exemplo do e-mail de boas-vindas que uso em meu "Curso Gratuito de Copywriting".

Ao ler esse e-mail, tente identificar a ESTRUTURA dele.

Mais importante do que o texto em si, a estrutura desse e-mail é vencedora para ser um dos e-mails mais fortes de toda a sequência.

Assunto: A BASE Para Sua Copy Matadora (Copywriting Lição #1/6)

Gustavo

Em primeiro lugar...

Seja-bem vindo a um mundo diferente.

Essa não é uma viagem comum. Esta não é uma mensagem qualquer.

Cada palavra que você lê foi pensada e medida.

Sem exceção.

Você está lendo isso por um único motivo.

Você quer ganhar dinheiro.

E se você chegou até aqui...

É porque sabe que está perto.

Muito perto.

Porém, leia atentamente cada palavra.

Escute a minha voz em sua cabeça.

Abra sua mente.

Expanda os limites do seu universo para um universo de riqueza infinita.

Não.

Esta não é uma fórmula mágica.

Se é isso que você busca, pare de ler agora e saia dessa lista.

Porque não existe fórmula mágica.

Existe dedicação, trabalho... e estratégia.

Meu grande mestre de carta de vendas já faleceu. E nem isso me impede de falar com ele...

... em meus sonhos.

ESSE é o nível que você precisa chegar se você quer uma carta de vendas vencedora.

Há duas coisas que você pode encontrar aqui.

1. Exatamente o que você precisa agora.
2. Exatamente o que você precisa agora.

Se você está pronto para...

- Aproveitar TODAS as oportunidades que um momento de crise gera.
- Aumentar suas vendas.
- Seguir uma estratégia provada que une marketing e copywriting.

Você está prestes a conhecer os segredos das cartas de vendas que faturam 5 e 6 dígitos.

Não posso prometer 7 dígitos para você porque eu mesmo não tive esse faturamento com apenas uma carta de vendas.

Porém...

O fundamento. A estratégia. A base.

São os mesmos.

O que você aprenderá aqui...

1. O Fundamento Para a Comunicação Altamente Persuasiva
2. O Segredo Para Uma Estratégia de Comunicação Completa
3. Como Montar Sua Própria Carta de Vendas ...

Aqui está minha oferta.

Entrego um material gratuito que você ficará de boca aberta.

Você se compromete a

1. Estudar.
2. Fazer TODOS os exercícios.
3. Espalhar (← link) isso para seus amigos.

COMEÇANDO: COMO VOCÊ CRIA SUA LISTA DE E-MAILS

Pela minha ferramenta de e-mails consigo detectar quando você clica nesse link que acabei de deixar.

E a cada e-mail que você clicar nesse link, enviarei um e-mail "bônus" para você com um presente.

É minha forma de retribuir.

Por exemplo... clique agora no link que deixei ali no #3... e você receberá 1 carta de vendas do meu arquivo pessoal em alguns minutos.

Temos um acordo?

Se sim...

Bem-vindo ao meu mundo.

Antes de começarmos, preciso falar mais quatro coisas.

1. É muito importante você acessar e ler o meu livro de copywriting. Com o conteúdo do livro junto com o que você está recebendo agora... Levará você anos-luz à frente.
2. Você precisa conhecer o meu livro Gatilhos Mentais. Neste livro trago para você o uso estratégico dos gatilhos na construção do seu negócio.
3. Se você está em busca de estratégias para construir um negócio sólido... veja as Cartas de Ouro para Empresários.
4. Participe do nosso grupo no Facebook: https://www.facebook.com/groups/227057941010088/

A regra é simples:
- Diga oi, seu nicho e sua dificuldade.
- Quanto mais você dá, mais você recebe.
- Qualquer spam, autopromoção ou falta de respeito será banida, sem choro.

Meu nome é Gustavo Ferreira (Guto para os íntimos), e antes de tudo, sou empresário, e tenho 3 empresas. Uma delas é a CopyCon, que é meu braço digital (onde você está agora).

Somado, meu faturamento total ultrapassa 7 dígitos no ano, e meu lucro líquido é de múltiplos 6 dígitos.

Nos últimos 3 anos, minha vida é respirar copywriting, e aplicar na prática o que aprendi.

Porém...

A questão fundamental é...

Copywriting, escrita persuasiva, sem estratégia... não serve para nada.

Por isso não é uma fórmula mágica.

Falo para meus clientes e alunos VIPs de copy que mais do que um copywriter, sou um estrategista.

Que tipo de estratégia estamos falando?

Por exemplo...

O que é melhor?

Investir de forma pesada em ads...

Ou pedir sua ajuda para divulgar este material?

Este é um exemplo simples e não vale :-)

Vamos a um mais complexo...

Se você é uma empresa que vende um serviço de limpeza de janelas... por que você não envia uma amostra gratuita do seu produto de limpeza... e se o cliente gostar, pede uma demonstração gratuita de um limpador em uma janela sua...

Esse limpador, além do serviço, faz uma consultoria (gratuita), explicando o melhor tipo de limpeza que pode ser feito no seu ambiente.

E se você quiser, fecha o serviço, e ainda ganha de presente um kit de limpeza interna.

Hum...

Pensou que eu ia falar de gatilhos mentais?

Você vai se decepcionar se espera isso :-)

Por que falo isso?

Porque gatilhos mentais são temperos.

Imagine que você está cozinhando. Você precisa de arroz, de feijão... com cebola e alho você já tem um sabor razoável.

Aí você coloca aquela salsa no arroz... uma folha de louro no feijão...

O cheiro começa a subir...

E de repente você lembra...

SAL!!!

Se você esquece o sal, ainda consegue comer. (outro dia esqueci o sal no arroz, e gostei do resultado)

Porém... o sal deixa mais gostoso.

A mesma coisa com os gatilhos mentais.

É o sal.

Não é sua prioridade.

Sua prioridade deve ser, única e exclusivamente...

Transformar a vida do seu cliente.

É isso que você realmente está fazendo.

Ah, mas um limpador de vidro transforma a vida do cliente?

Para um prédio de vidro, sim. Para escritórios que têm várias janelas, sim.

Até uma lava-louça transforma a vida do seu cliente porque ele ganha tempo e economiza água.

Preste atenção nisso...

O seu cliente deve ganhar algo.

NUNCA é sobre você.

SEMPRE é sobre seu cliente.

Por que fiz uma rápida apresentação minha, falando que sou empresário e faturo 7 dígitos? Apenas porque preciso ativar o gatilho da autoridade (olha ele aí)...

E de resto? Dane-se.

Importa o que VOCÊ ganha.

Importa o quanto a SUA VIDA é transformada.

Você verá que tenho a política de entregar valor absurdamente alto.

Porque acredito em duas coisas...

1. Acredito que é possível construir um Brasil Mais Rico e Feliz, e para isso quero impactar 1 milhão de pessoas...
2. Acredito que apenas ficará no mercado quem fizer o trabalho direito. Por isso minha proposta é simples. Atropelar o mercado com uma avalanche de conteúdo de altíssima qualidade.

E se você está aqui também sei que acredita nisso.

Por isso...

Vamos para sua primeira lição de casa oficial.

Exercício 1: O Ovo e a Galinha

Você pode estar em duas situações.

Já tem um produto ou serviço que vende... ou quer criar um produto ou serviço para vender...

Por que esse é o exercício do Ovo e da Galinha?

Porque independente de quem veio antes...

Você precisa conhecer a fundo duas coisas.

Seu público-alvo;

Seu produto ou serviço.

A sua primeira lição é...

Vá fundo no seu público e no seu produto.

Algumas perguntas importantes para você responder:

1. Qual o GRANDE BENEFÍCIO que seu produto entrega?
2. Como a vida do seu cliente é transformada?
3. O que é a sua solução especificamente? Dê o máximo de detalhes específicos sobre seu produto. É um produto de limpeza x, capacidade de 200 ml, fórmula química H2O, etc.
4. O que torna sua solução única? Por que você é especial? Não venha com o papinho furado de que você é o melhor.
5. Que problema você resolve?
6. Quem é seu público-alvo? Homens, mulheres, engenheiros, estudantes universitários?
7. Qual a MAIOR DOR EMOCIONAL do seu público? Uma coisa é estar gordo, acima do peso. Outra é se sentir gordo porque você se sente mal, desvalorizado... e seu maior medo pode ser ficar sozinho.
8. O que seu público MAIS DESEJA? Emagrecer, vender mais, é o resultado objetivo... mas se sentir valorizado, dar tranquilidade para sua família, é o resultado emocional.

Faça esse exercício agora.

O quê? Você achou que eu ia pegar leve?

Aqui não tem essa não. Por isso que meus programas têm o nome de ELITE.

Porque dependem de você bater no peito e fazer.

Por isso...

Já vamos a um segundo exercício, que é um complemento do Exercício 1...

COMEÇANDO: COMO VOCÊ CRIA SUA LISTA DE E-MAILS

Exercício 2: A Pílula Mágica

Esse exercício é bem simples, Gustavo...

Se você tomasse uma pílula mágica antes de dormir... no dia seguinte você acordaria completamente magro e com saúde.

Com isso...

Como é a sua vida agora? O seu mundo? Os seus hábitos? Como você se sente?

Troque pílula mágica para emagrecer por pílula mágica para vender, alta performance, etc.

Esse é o cenário de sonho do seu cliente.

Dê o máximo de detalhes.

Porque é isso que você precisa transmitir para seu cliente.

O futuro dele começa agora.

Gustavo,

Esta é apenas a primeira lição do seu curso de copywriting.

E pode me enviar a sua resposta dos exercícios :-)

Há mais 5 pela frente.

Estamos apenas na ponta do iceberg :-)

Como sou legal, aqui está o link novamente (← link) para você espalhar o amor, e receber mais um presente meu.

À Sua Riqueza e Felicidade!

Guto Ferreira

PS: na próxima aula você entenderá como montar a sua estrutura de comunicação, começando por suas headlines

PPS: lembre-se também de acessar meu livro (← link), é um passo fundamental para seu sucesso nas copys.

Preste atenção na ESTRUTURA desse e-mail...

» Estabeleço uma promessa de resultado (ganhar dinheiro).
» O que NÃO encontrará nos e-mails.
» Alinho a expectativa do que será recebido.
» Faço um "acordo" (no trecho escrito "Aqui está minha oferta").

- » Orientação exata, com reciprocidade (quando informo que haverá bônus).
- » Imagem mental com a cena de um filme que muitos conhecem.
- » Soft sell de outros produtos.
- » Estabeleço minha autoridade.
- » Alinho a expectativa novamente.
- » Entrego MUITO valor.
- » No final um loop com o próximo e-mail "soft sell" e um reforço para enviar as respostas.

Esse e-mail por si só é uma bomba.

Levei três dias para escrevê-lo. Não pelo conteúdo em si, mas para montar a estrutura adequada para deixar os clientes hipnotizados.

Esse é um outro modelo de sequência de e-mails que você pode usar, e que entrego dentro do Programa Elite.

<Saudação>
Preciso confessar algo para você hoje...
Durante ANOS sofri com [13].
Sei como é difícil lidar com isso...
Você tem uma vida que pode até parecer perfeita... mas quando a luz apaga, você está ali...
Sozinho, sofrendo com isso.
Passei <tempo: exemplo, 2 anos> encontrando uma forma que realmente funcionasse para [1].
Tentei [14.1], [14.2]... e até mesmo [14.3].
Não.
Nada.
Por isso decidi te ajudar.
Porque eu sei como você se sente, porque eu já passei por isso.
<opcional: você pode aprofundar a história se desejar>
Você pode ficar tranquilo porque você vai descobrir exatamente o que fiz para superar [13] de uma vez por todas (e [15] ADOROU quando descobri isso)
<Opcional: o que levou você a procurar sobre [1] hoje?>

Amanhã te conto porque [6] está te enganando, ok?
<Despedida>
<opcional: PS: tenho um convite especial para você, veja aqui: link da oferta>

Nesse e-mail inicial, há vários elementos:

1. Uma "confissão", para contar uma história pessoal...
2. As soluções que já foram tentadas para um resultado...
3. Gancho para o próximo e-mail porque um "inimigo" está enganando o cliente...
4. Opcional no final, já apresentar a oferta.

Esse é um bom exemplo de um e-mail de boas-vindas que você pode utilizar se quiser contar histórias para seus leads.

Lembre-se que você precisa planejar a sua comunicação completa.

Apesar que o e-mail de boas-vindas é fundamental, é a **consistência da sua comunicação** que definirá seu sucesso.

Exercício de Revisão

1. Qual sua estratégia para capturar e-mails?
2. Quais formatos de "landing pages" você já tem, e quais novos irá testar?
3. Qual sua métrica atual de conversão de leads?
4. Crie seu plano de comunicação. Para os próximos 3 meses, o que você enviará para seus clientes? Pense em pelo menos 1 e-mail por semana.
5. Você tem um e-mail de boas-vindas que passa pelos 7 pontos para ser o mais efetivo possível?

A Chave do Sucesso: Relacionamento

A CHAVE DO SUCESSO: RELACIONAMENTO

Quando falamos de e-mail marketing, a chave sempre é o relacionamento que você gera com sua lista.

Você lembra da fórmula de sucesso que trouxe no começo do livro?

RESULTADO = (CONSISTÊNCIA + RELEVÂNCIA) * (F. M. I.)

Você precisa ser consistente (manter uma comunicação regular com seu público)...

Você precisa ser relevante (entregando conteúdo de valor, ao mesmo tempo que entretém e resolve problemas)...

E quero que você entenda uma chave que pode fazer você ter um resultado mil vezes acima da média... ou fazer você naufragar.

O **Fator "Me Importo"**.

Esse é um termo que criei há pouco tempo e acredito ser extremamente relevante.

Como já ensinei em meu sistema de e-mail marketing para várias pessoas, há uma série de variáveis que influenciam o sucesso.

Quando vejo pessoas que estão tentando ter "sucesso" apenas pelo dinheiro...

São a maior parte dos que não conseguem.

Porque não se importam de verdade com as pessoas.

Querem apenas criar uma "campanha de vendas matadora" e ganhar dinheiro no piloto automático sem precisar se preocupar com mais nada.

Não funciona assim.

Se você toma café com um amigo apenas por obrigação... cedo ou tarde ele percebe. Porque a comunicação não flui, as coisas não andam.

E começa a ficar chato.

Mas se você realmente se importa com quem está "do outro lado"... você consegue transmitir sua mensagem como se estivesse realmente acontecendo uma conversa um a um.

Porque vivemos em um mundo "quântico".

Se eu escrevo de mal humor ou com raiva, você vai "captar" essa energia, de forma consciente ou não.

Então pense realmente o que você quer transmitir, e qual impacto você quer ter na vida das pessoas.

Outro ponto fundamental: se você tem uma lista de mil leads, você não envia uma mensagem para "mil leads".

Você manda UMA mensagem para UMA pessoa... mil vezes.

Essa pequena mudança de mentalidade faz uma grande diferença.

Exercício de Revisão

1. Por que você faz o que você faz? Por que você quer ajudar as pessoas com seu produto e solução?

Campanhas que Vendem

Agora vamos falar sobre suas campanhas automáticas e não automáticas (disparos únicos, ou "broadcasts").

OFERTAS "SOFT" E OFERTAS "HARD"

Aqui cabe uma explicação importante.

O que são ofertas "soft" e ofertas "hard"?

Ofertas "soft", ou "soft sell", são menções de vendas como as que você já viu espalhadas por todo esse livro.

São links para ofertas que se camuflam em meio ao seu conteúdo e se tornam parte natural da sua mensagem.

Veja novamente esse e-mail de "soft sell":

Assunto: 80% dos CEOs não confiam em você
Do Escritório de Gustavo Ferreira
Terça-Feira, 27/12/2016, 14:53

Caro Amigo,
Hoje é um dia especial!
Porque o Natal passou e ganhei dois livros do David Ogilvy! (eu sou nerd, é minha essência ;-)
Além de estar pilhado estudando... não sei para você, mas meu funil continua firme e forte (e dos meus clientes também).
Claro, nesse final de ano tem uma pequena queda das visitas e vendas, mas a métrica-padrão se mantém.
O que quero dizer com "métrica-padrão"?
Se 100 pessoas leem meu artigo Gatilhos Mentais na Prática, 2 compram. E a cada 100 pessoas que compram o livro, o cenário de controle é que terei 5 novas vendas do Programa Elite. (e minha campanha de teste atual está com conversão maior do que 5%)
Por que estou falando esses números para você?
Porque hoje vi um vídeo do Drayton Bird, onde ele fala de uma empresa que pesquisou e analisou 500 campanhas de marketing...
E descobriu que 80% dos CEOs não confiam no marketing.
(isso estamos falando no mundo inteiro)

Você pode e deve fazer ofertas "soft sell" o tempo inteiro.

No capítulo "A Linha do Tempo da Consciência", você vai ter uma outra visão sobre como montar essa parte da sua comunicação.

O que define uma oferta "hard", ou "hard sell", é uma sequência de e-mails (ou mesmo apenas 1 e-mail) que é 100% focado na venda de um produto ou serviço.

Por exemplo, aqui estão mais alguns exemplos de e-mails "soft sell":

Assunto: O Curioso (e bilionário) Caso da DSC
Do Escritório de Gustavo Ferreira
Segunda-Feira, 13/12/2016, escrito as 00:53

Caro Amigo,
Hoje é um dia especial!
(desculpe se o e-mail foi muito curto e grosso, escrever de madrugada dá nisso)
Porque estou feliz com uma notícia (não tão nova) de que a DSC foi vendida por 1 bilhão de dólares.
Se você não tem ideia do que estou falando, no meu <u>primeiro livro de copywriting</u> trouxe para você a carta de vendas da Dollar Shave Club...
Uma empresa que vende...
Lâminas de barbear por 1 dólar.
A copy deles é fantástica...
E hoje vamos olhar alguns pontos específicos dela (e porque tudo isso levou à supervenda).

São e-mails de conteúdo, que entregam valor, e têm as ofertas "camufladas" dentro deles.

Aqui está mais um trecho de um e-mail com uma venda "camuflada" dentro da mensagem:

Trecho do e-mail:
Será que começaram a ter muitos problemas no tempo de garantia?
Será que agora os materiais são menos confiáveis?
Nós vamos comprar porque não temos opção...
Mas a insegurança bate.

O que nos leva ao tema de hoje...

Sua Garantia é Ética?

A garantia do seu produto ou serviço serve exatamente para isso.

Tirar o peso da decisão do cliente para que ele teste.

Já foi provado que garantias maiores têm MENOS devoluções.

No meu livro de *Gatilhos Mentais* falo de um caso de uma oficina de automóveis que deu garantia vitalícia para as peças...

E praticamente não tiveram retornos.

Agora aqui estão alguns exemplos de e-mails de vendas "hard" (um com um "FAQ", perguntas comuns, e outro com um contador decrescente):

Exemplo 1

Assunto: ÚLTIMA Chamada

Do Escritório de Gustavo Ferreira

Quinta-Feira, 20/10/2016, 17:12

Caro Amigo,

Um e-mail rápido para avisar que essa é a última chamada para você participar do Programa Elite com R$ 400,00 de desconto.

Meia-noite o desconto desaparece, sorry.

Aqui está o link novamente: <link>

Dentro do Programa Elite você recebe...

- mais de 20 horas de aula de e-mail marketing e copywriting.
- 37 e-mails prontos.
- 5 roteiros de cartas de vendas (incluindo VSL, 52 passos, webinários e meu Roteiro Premium de 15 Passos).
- 20 cartas de vendas escritas pelos maiores copywriters do mundo.
- Guia de Construção de Ofertas.
- Grupo fechado no Facebook.
- E muito mais.

Dúvidas comuns:

1) Funciona para negócios "físicos" e afiliados?

Sim.

Dependendo do nicho e da sua estratégia talvez você precise de pequenos ajustes, mas funciona.

2) Não tenho lista, vou aproveitar?

Você pode usar as técnicas com algum parceiro que já tem lista para aprender e ter resultados.

Além disso, também tem aulas com técnicas e dicas para construir sua lista de e-mails.

3) Para quem não é?

Não é para você que só quer uma fórmula mágica e milagrosa.

Se você está disposto a tomar AÇÃO... e FAZER o que ensino...

É para você.

Senão, não perca o meu tempo e o seu dinheiro.

4) E se não der certo?

Dou todo o suporte que você precisa no grupo do Facebook e por e-mail. Me comprometo com o seu sucesso.

Enquanto não funcionar, não vamos desistir. Você só precisa estar disposto a tomar AÇÃO.

5) Meu negócio é diferente, vai funcionar?

O único cenário que isso não funciona é se você vender para robôs.

Como ainda 98% das pessoas que compram são pessoas, funciona.

A única situação mais complexa são vendas B2B.

6) Quanto tempo terei acesso?

Indeterminado.

7) Terei atualizações?

Sim. Como aprendi muitas coisas novas esse ano, estou preparando uma série de aulas complementares em vários módulos.

Mais alguma dúvida? :-)

ÚLTIMA CHAMADA: Acesse o Programa ELITE com R$ 400,00 de desconto.

À Sua Riqueza e Felicidade!

Gustavo Ferreira

PS: alguma dúvida? Me ligue ou mande um WhatsApp: xxxxxxxxx
(só posso não atender se estiver em reunião, tenho 4 reuniões agendadas hoje, mas retorno :-)

Acesse agora: Programa ELITE por apenas R$ 497,00 (menos de R$ 1,66 por dia)

Exemplo 2
Assunto: Corra... as portas estão fechando

Quando esse contador zerar, você perdeu a sua sorte...

[**00:00:00:00**]
    dias horas minutos segundos

O que quero dizer com isso?

Bem, até agora se você viu qualquer um dos meus outros e-mails, você viu muito sobre o que você VAI receber dessa oferta EXCLUSIVA do Programa Elite.

Mas agora, vou falar sobre o que você NÃO vai ganhar SE você deixar essa oferta passar:

Primeiro de tudo, você NÃO VAI TER ACESSO VITALÍCIO ao Programa Elite e TUDO que vem nele:

- **Programa E-Mail Marketing ELITE, com mais de 10h de conteúdo sobre e-mail marketing.**
- Bônus: 42 Modelos de E-mails PRONTOS para você usar.
- **Programa Copy Espresso, com mais 8h de conteúdo sobre copywriting e o PASSO A PASSO para você criar sua carta de vendas.**
- Bônus: Modelos de cartas de vendas para webinários, upsells, e Roteiro Premium de 15 Passos.
- **Intensivo de Carta de Vendas, com mais 1 hora de conteúdo com o Passo a Passo do Roteiro Premium de 15 Passos.**
- Grupo no Facebook para você tirar suas dúvidas.
- **mais todo o conteúdo que está sendo atualizado.**

E TAMBÉM... você NÃO terá acesso ao menor valor possível para essa oferta que você jamais verá nessa lista.

E POR ÚLTIMO... você NÃO terá acesso à comunidade no Facebook, e o suporte direto para você tirar todas as suas dúvidas.

Então, pela última vez...

Clique aqui para aproveitar essa oferta única e exclusiva antes que ela vá embora.

À Sua Riqueza e Felicidade!

Gustavo Ferreira

PS: se o link acima não funcionar, então copie e cole o texto abaixo no seu navegador:

São e-mails completamente focados em vender o seu produto.

VISÃO GERAL DE UMA CAMPANHA DE E-MAILS

Aqui está o quadro geral de uma campanha de e-mails:

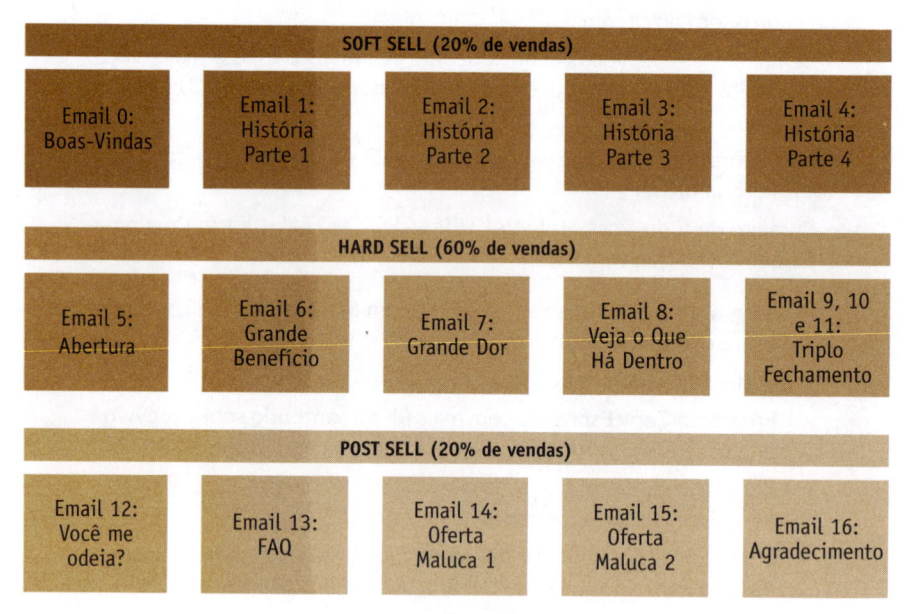

SOFT SELL (20% de vendas)				
Email 0: Boas-Vindas	Email 1: História Parte 1	Email 2: História Parte 2	Email 3: História Parte 3	Email 4: História Parte 4

HARD SELL (60% de vendas)				
Email 5: Abertura	Email 6: Grande Benefício	Email 7: Grande Dor	Email 8: Veja o Que Há Dentro	Email 9, 10 e 11: Triplo Fechamento

POST SELL (20% de vendas)				
Email 12: Você me odeia?	Email 13: FAQ	Email 14: Oferta Maluca 1	Email 15: Oferta Maluca 2	Email 16: Agradecimento

Veja que adicionei uma terceira sessão chamada "Post Sell". Essa sessão tem um objetivo muito simples:

Com base nas objeções que você identificar, você reabre a sua oferta.

Essa reabertura pode ter dois sentidos:

1. Com base nas objeções que você identifica, você faz um webinário respondendo ao vivo as dúvidas, e abrindo por mais dois dias a mesma oportunidade de acesso, OU...
2. Se a maior objeção é "preço" (por exemplo, crio muitas campanhas que o ticket de venda é de R$ 897,00 para mais), você pode fazer uma NOVA oferta, mas com um valor menor.

Em uma campanha com um cliente, fizemos uma primeira oferta a R$ 997,00.

No "Post Sell", fizemos uma NOVA oferta por R$ 297,00.

E em seguida, fizemos uma NOVA oferta por R$ 97,00.

A mesma oferta, apresentada sob vários ângulos.

Nessa oferta de R$ 997,00, são quase 20 horas de conteúdo, mais uma série de bônus, inclusive um evento presencial incluso no valor.

A oferta de R$ 297,00 é uma "versão expressa" do curso, tratando de um tema específico do curso completo.

A oferta de R$ 97,00 é um ebook, com alguns vídeos extras para completar o conteúdo, ainda sobre um tema mais específico.

Veja, o que vale aqui é sua visão estratégica.

Vamos analisar esse quadro.

A Sequência Soft Sell

E-mail 0

Esse é seu e-mail de boas-vindas quando seu lead acaba de fazer opt-in na sua lista (como os que você já viu de exemplo), OU é o primeiro e-mail apresentando uma oferta nova que será apresentada na sequência.

E-mails 1 a 4

Esses e-mails são a construção da sua oferta para seu cliente CONHECER e ENTENDER do que trata sua oferta.

Por exemplo, imagine que preciso vender uma série de sessões de "coaching de carreira".

Uma linha do tempo possível para cada um esses e-mails é:

- **E-mail 1:** Dois colegas de classe se formaram juntos, e um alcançou o nível de direção de uma grande empresa, e outro ficou apenas como supervisor do almoxarifado.
- **E-mail 2:** A diferença entre esses dois homens era que um focou em desenvolver habilidades de gestão e comando, enquanto o outro focou apenas em se desenvolver tecnicamente (ou ficou na zona de conforto).
- **E-mail 3:** O que faz a diferença entre você ganhar R$ 2 mil e R$ 20 mil.

- **E-mail 4:** Como você pode dar um "salto quântico" na sua carreira e conseguir o cargo e o salário dos seus sonhos.

Você percebe que isso é uma construção passo a passo?

É como uma carta de vendas completa, mas entregando aos poucos.

Lembre-se que nessa sequência "soft sell" você já pode mostrar a sua oferta principal.

Mas a ideia dessa fase inicial é você CONSCIENTIZAR seu lead sobre a sua solução.

Na data que escrevo esse livro, muitas vezes crio 6 a 8 e-mails "soft sell", dependendo do que estou vendendo.

Aqui estão mais algumas sugestões para você criar sua campanha "soft sell":

1. Pense em um "minicurso", onde você apresenta um "passo a passo" para conseguir resultados.

   Por exemplo, o meu próprio "curso gratuito de copywriting" segue a sequência:

   a. Conheça seu produto
   b. Crie headlines
   b. Crie bullets
   c. Conte histórias
   d. "Amarre" sua carta de vendas

Esses são os "passos" para você entender o que é e como você constrói uma campanha de vendas, e então ofereço o meu Programa Elite.

2. Uma ou mais histórias (de você mesmo ou de outras pessoas) que tinham uma dificuldade e conseguiram resolver a situação delas.

Exemplo:
   a. Qual era um "grande problema" (na sua vida ou na vida de outras pessoas).
   b. O que foi feito que NÃO funcionou, e como a história chega ao "fundo do poço".

c. Como foi achada a solução...
   d. Porque você decidiu compartilhar (como virou um produto).

3. Conte casos de sucesso de outras pessoas e empresas.
   Essa estrutura é muito simples. Por exemplo:
   a. Como uma empresa do ramo farmacêutico saiu de 0 a 30% de faturamento online em 4 meses.
   b. O que coaches estão fazendo para ter sua agenda lotada por 1 ano inteiro, etc.
   Você pode dividir essas histórias até mesmo em dois ou mais e-mails.

Esses são os 3 modelos que mais uso hoje em dia.

O segredo para essa sequência ser MUITO mais efetiva, é você seguir a "Linha da Consciência" de mercado.

O objetivo da sequência "soft sell" é CONSCIENTIZAR seu lead da sua solução, e de porque você tem o que ele precisa (e não o concorrente).

A Sequência Hard Sell

Agora que você já conscientizou o seu lead do que se trata sua solução, se você fez bem seu trabalho (apresentando a construção "soft") e atraiu as pessoas corretas (que são realmente interessadas potenciais na sua oferta), você provavelmente já fez algumas vendas.

E agora, na sequência "hard sell", você apresenta oficialmente sua oferta.

Lembre-se que essa sequência de e-mails é apenas um guia para referência.

Ela é efetiva da forma que apresento aqui para você, mas você pode e deve fazer mudanças que achar necessárias.

E-mail 5

Apresentação da sua oferta. Diga o que é sua oferta, para quem é, e o que há dentro.

Se você tiver escassez (de preferência com um sistema de escassez real como o DeadlineFunnel.io), é bom adicionar.

Assunto: [E-mail ELITE] 16 + 12 + 2 = 30 E-mails Para VOCÊ

Caro Amigo,

Se existisse uma fórmula mágica que você usasse para montar seus e-mails e você tivesse vendas garantidas... você usaria?

Essa fórmula mágica não existe...

Mas existe um **método testado e provado** para você escrever sequências de e-mails que...

- Engajam seus clientes e os deixam morrendo de vontade de comprar o que você oferecer.
- Identifica os seus 15% melhores compradores em um período de 90 dias.
- Transforma listas frias em listas empolgadas e lucrativas

E esse método...

É a essência do Programa Elite.

É um método que venho estudando, testando e refinando nos últimos anos...

Com esse método tenho gerado conversões em minhas campanhas de 20% em vendas em 30 dias...

É um sistema provado e usado pelos maiores nomes do marketing mundial...

Por que você deve segui-lo?

Porque funciona.

Siga a receita e você terá sucesso.

Para garantir que você terá o máximo de resultados, estou dando para você...

- **16 e-mails** prontos para você preencher os espaços em branco e **enviar sua sequência de vendas.**
- **19 e-mails temáticos** para você preencher os espaços e **enviar a qualquer momento e faturar.**
- **7 e-mails "Campanha Relâmpago"** de tempos em tempos você pode criar campanhas relâmpagos no seu negócio.
- **2 templates** *premium* para você preencher os espaços e... ganhar mais dinheiro!

Apenas um desses templates premium é responsável por 5 a 10 vezes mais aberturas e cliques...

Isso faria diferença no seu resultado?

Além desses **37 e-mails prontos**, você também terá mais de 10 horas de conteúdo, detalhando cada etapa do processo...

E o que você precisa fazer?

Simplesmente...

Escrever, escrever, escrever.

Somente assim você conseguirá o resultado... e investindo o seu tempo e energia na aplicação prática dos conceitos que apresento...

Você terá uma lista altamente lucrativa na sua mão...

Gerará faturamentos por lead de R$ 3,00 a R$ 16,00...
(92% das empresas faturam na média R$ 1,00 a R$ 2,00 por lead)

Então, se você ainda não viu...

Veja agora e faça parte do <u>Programa ELITE</u>.

Você faz parte agora da ELITE do marketing.

E tem minha atenção pessoal.

Aproveite agora porque em breve o Programa subirá de valor (e provavelmente será na casa dos 2 mil reais).

Então aproveite agora esta chance única e não perca esta oportunidade que não existirá novamente.

Acesse agora o Programa <u>Email Marketing ELITE</u>!

À Sua Riqueza e Felicidade!

Guto Ferreira

PS: além dos 37 e-mails e das aulas , você ainda tem

- Uma aula Premium de estratégia de negócios
- As melhores práticas para você construir sua lista em menos de 48h
- Diagrama Completo do Funil de Vendas

Então... <u>este pode ser o passo mais importante da sua vida até agora</u>.

E-mails 6 e 7

Foque no "Grande Benefício" que seu cliente terá, e na "Grande Dor" que aflige a vida dele.

Hoje muitas vezes junto esses dois e-mails em apenas um.

Seguindo o exemplo do serviço do "coach de carreira", você pode falar algo mais ou menos assim:

> "Imagine que daqui apenas três meses você consegue um aumento.
>
> E como agora você sabe os melhores caminhos para crescer na carreira, daqui a um ano você pode ser o diretor da sua empresa.

Imagine o que isso significa para você. Chega de ficar aflito porque seu salário não cresce, as contas não param de chegar, e você não se sente valorizado.

Chega de ver todos seus colegas de trabalho crescendo e você ficando para trás, sempre com medo de ser demitido.

Agora é hora de você mostrar para todos na sua empresa quem você realmente é. Agora seus colegas ficarão com inveja de você e do seu cargo.

Sua família vai se orgulhar de você."

Lembre-se que as pessoas fogem da dor e buscam o prazer. Esse e-mail está recheado de "gatilhos mentais", e o objetivo dele é **gerar uma mensagem emocional.**

E-mail 8

Mostre uma parte do seu produto ou serviço. Se você está vendendo um livro, mostre uma parte de um capítulo. Dê acesso à primeira aula do seu curso.

Entregue um "pdf" do seu serviço de coaching para a pessoa sentir como é o processo.

Em algumas situações onde não posso "mostrar" uma parte do produto, troco pelo e-mail de FAQ (como mostrei um exemplo algumas páginas atrás).

E-mails 9, 10 e 11

Envie três mensagens no mesmo dia falando que é a última chance de acessar a oferta.

Quando possível, divido esses e-mails da seguinte forma:

- **E-mail 9**: Último dia para acessar e resumo da oferta
- **E-mail 10**: Depoimentos das pessoas que já estão acessando
- **E-mail 11:** Última chamada.

Além dos exemplos que você já viu, aqui está mais um modelo simples:

> **Assunto: ÚLTIMA Chamada**
>
> Oi minha linda!
>
> Apenas um e-mail rápido para avisar que essa é a sua ÚLTIMA CHAMADA para participar do xxxxxxxx.
>
> Se você quer e acredita que merece ser feliz, faça isso por você.
>
> Você pode ter o relacionamento dos seus sonhos, com aquele cara que você ama. Você pode construir uma família incrível e feliz.
>
> Você não precisa mais sofrer porque um homem a deixou, nem se sentir com medo, ansiosa ou sozinha...
>
> Você pode dar a volta por cima.
>
> Você pode e merece uma vida feliz e incrível.
>
> <u>Dê esse passo agora.</u>
>
> Lembre-se que você tem 90 dias para passar por todo o Programa e só então decidir se essa foi a sua melhor decisão hoje.
>
> Faça isso por você.
>
> Você merece.

Lembre-se que muitas vezes as pessoas agem apenas no último minuto.

E repito mais uma vez: você pode adaptar a ordem desses e-mails como você quiser.

Por exemplo, você pode enviar uma sequência hard sell assim, dividida em dois dias:

- **E-mail 5:** Apresentação do produto (enviado de manhã)
- **E-mail 6:** Depoimentos (enviado no mesmo dia à noite)
- **E-mail 7:** Último dia (enviado no dia seguinte de manhã)
- **E-mail 8:** Perguntas Frequentes - FAQ (enviado no mesmo dia, no meio da tarde)
- **E-mail 9:** Última chamada (enviado no mesmo dia, no começo da noite)

Quando estou fazendo uma oferta de valor médio (R$ 500,00 para cima), geralmente faço uma sequência "hard sell" de 4 dias.

Se são ofertas menores, muitas vezes faço apenas em 2 dias.

A SEQUÊNCIA POST SELL

Vamos rever até agora.

Na sequência "soft sell" você CONSCIENTIZOU seu cliente sobre a sua oferta.

Na sequência "hard sell" você apresentou *de fato* sua oferta.

Agora, a maior chance é que 99% da sua lista NÃO comprou.

Essa sequência é para você descobrir porque.

Para isso, você pode enviar o e-mail que Ryan Levesque criou e chamou de "Você me odeia":

Assunto: Você me odeia?
Do Escritório de Gustavo Ferreira
Sexta-Feira, 17/03/2017
Caro Amigo,

Essa semana foi intensa...
Mas hoje estou triste.
Porque se você está recebendo esse e-mail é porque decidiu não participar da xxxxxxxxx...
E entendo isso.
Mas estou um pouco confuso.
Veja...
Isso me deixou pensando.
Foi algo que eu disse?
Algo que eu não disse?
Ou, Deus me livre, você me odeia? :-)
Brincadeira ;-)
Sei que estamos bem e agora na verdade preciso de um favor.
Você pode clicar no link abaixo e dizer o que aconteceu?
>>> O que o impediu você de participar da xxxxxxxx?
À Sua Riqueza e Felicidade!

Gustavo Ferreira
PS: com o seu feedback garanto que vou preparar algo muito bom para você, ok? :-)

Claro, você não precisa seguir isso "ao pé da letra". Aqui está uma variação que criei para um cliente:

Trecho do E-mail:

PS: eu só estou confuso com uma coisa...

Fiz o máximo que pude para fazer o workshop xxxxxxxxxxxxx algo incrível...

E por algum motivo você decidiu não participar.

Isso me deixou confuso...

Foi algo que eu disse? Algo que eu não disse?

Ou você apenas me odeia? ;)

Brincadeira...

Mas se você puder me dizer o que o impediu de participar do programa, seu *feedback* é muito importante para mim.

\>>> O que o impediu de participar do xxxxxxxxx? <<<

Claro, muitas vezes a objeção é o preço (nem todo mundo tem condição de pagar por um produto de R$ 1 mil, por exemplo).

Mas, o que é fundamental aqui é que se houve uma falha na apresentação da sua oferta as pessoas lhe dirão.

Com base nessas respostas, você "reabre" a campanha.

Sugiro duas alternativas:

1. Reabra a mesma campanha, ajustando os pontos que você identificou que precisam melhorar, ou...
2. Faça uma nova oferta de valor mais baixo.

Vamos olhar rapidamente esses e-mails:

E-mail 12

Esse é o e-mail para você identificar as objeções (o "Você me odeia" ou alguma variação)...

E-mail 13

Com base nas respostas, você tem duas opções. Ou você faz uma aula ao vivo para responder todas as dúvidas (e no e-mail você coloca o link de chamada da aula)...

Ou você envia um e-mail respondendo às perguntas mais comuns (e já reabre a oferta).

Aqui estão algumas perguntas comuns que você pode precisar responder:

- O que é o produto/serviço?
- O que está incluso?
- Para quem é?
- "Vai funcionar para mim"?
- Vou receber algo na minha casa?
- Qual o valor?
- Tenho alguma garantia?
- Se estou com pouco tempo?

Lembre-se que muitas vezes você pode enviar esse e-mail como parte da sua sequência "hard sell".

Se você fizer isso (responder às "perguntas frequentes" durante o "hard sell"), sugiro você fazer uma chamada para um webinário nesse e-mail de "post sell".

E-mails 14 e 15

Muito parecido com o e-mail de abertura e fechamento do "hard sell". A diferença é que aqui você adiciona um novo bônus, como forma de "completar" a oferta original.

E-mail 16

Agradeça e "deixe a bola rolando".

SEMPRE que você fizer uma campanha, não suma. Agradeça, diga "obrigado" realmente. E se possível, mande (novamente) algum conteúdo de valor.

Porque assim você transmite a sensação de que você não quer "apenas" vender. **Você mostra que se importa de verdade com eles.**

Esse último e-mail muitas vezes é esquecido, porém, é um dos e-mails-chaves para você manter a relação com a sua lista saudável.

Aqui está um exemplo:

Assunto: Lição Extra: Deixe a bola rolando
Caro Amigo Gus,
Hoje quero lhe dar um abraço.
Vem cá...

Me dá um abraço!

Gostou? :-)
Veja, as últimas semanas foram divertidas, concorda? :-)
Você aprendeu a teoria e viu a prática de uma sequência de e-mails que vendem.
Quando faço essa campanha, geralmente tenho resultados maiores do que o previsto.
Mas...
O que fazer depois?
Aqui está a resposta...
(não sou legal? ;-))
Deixe a bola rolando...
Dê uma informação bacana...
Um abraço no seu cliente...

Muitas vezes você pode enviar um artigo, ou um vídeo, com conteúdo para seu cliente.

O importante é "deixar a bola rolando", e você não "sumir" após uma campanha concluída.

Outro ponto importante também é que a campanha "post sell" não é obrigatória (exceto o e-mail de agradecimento).

Quando faço uma campanha de vendas maior (que hoje é chamado erroneamente de "lançamento"), geralmente faço o "post sell" para realmente refinar a oferta.

Porém, quando estou com as campanhas rodando automaticamente, fico apenas intercalando as sequências "soft" e "hard".

A maior parte das minhas campanhas hoje são "lançamentos" que viram funis perpétuos em seguida.

Geralmente rodo a sequência post sell apenas uma vez, para refinar e identificar objeções. Quando a campanha entra no automático, muitas vezes retiro o post sell.

Também já cheguei a deixar 3 meses o post sell rodando no automático para identificar objeções e pontos de melhoria, e depois retirei também.

Preste atenção... Quando você entender como criar suas campanhas "soft sell" e "hard sell", você terá um sistema poderoso nas suas mãos.

É exatamente esse sistema que uso.

Soft Sell primeiro. Hard Sell depois.

Relacionamento o tempo todo.

DEPOIS DE UMA CAMPANHA

Agora você já entendeu a visão geral de uma sequência automática de e-mails.

O que há "a mais" do que isso?

Na verdade, três situações.

Situação #1: Você ajuda quem comprou seu produto a CONSUMIR o produto.

Ou seja, para os compradores (que compraram sua oferta) você envia de 2 a 5 e-mails (ou mais, dependendo da complexidade do seu produto), com dicas e também um "passo a passo" de "como usar" o seu produto (se for aplicável, claro).

Por exemplo, em meus livros, você recebe 3 e-mails com informações e dicas complementares sobre o conteúdo e que ajudam a ter mais "sacadas" conforme você os lê.

Em seguida, você pode criar uma campanha de "ascensão", ou seja, você cria uma sequência similar ao "soft sell", mas falando do seu próximo produto.

Com um cliente fizemos o seguinte:
- Uma campanha inicial oferecendo um livro de R$ 27,00.
- Quem comprou o livro, recebe uma sequência de consumo (com 3 e-mails), e em seguida, uma série de 6 e-mails de ascensão falando do próximo produto (um curso completo).

Situação #2: Você faz (ou não) um "post sell" com os não-compradores, e envia uma nova sequência de vendas automática.

Nesse exemplo que dei de um cliente, que fizemos a ascensão para o curso completo, mesmo quem não comprou o livro recebe uma sequência similar oferecendo o mesmo produto.

A diferença maior é que quem comprou o livro anteriormente recebe alguns "incentivos extras" para fazer a nova compra (um bônus extra).

Situação #3: Você pergunta para seu cliente sobre o que ele quer saber

A forma mais simples de você fazer isso é perguntar para seu cliente, sobre o que ele quer saber mais.

Na seção de hipersegmentação dou alguns exemplos disso.

Caso ele não se interesse ativamente, você também pode enviar de forma arbitrária uma campanha (de preferência sua campanha mais lucrativa).

O importante é você sempre manter o fluxo de relacionamento e comunicação com sua lista.

COMO VOCÊ PLANEJA E-MAILS "BROADCAST" PARA O MÁXIMO DE RESULTADO

Lembre-se, o ideal é que você tenha pelo menos 90 dias de e-mails automáticos programados, intercalando sequências "soft sell" e "hard sell".

Isso não precisa ser feito imediato.

Eu mesmo já mudei várias vezes minhas automações, e cheguei a ter 4 meses de e-mails programados, e outras vezes apenas 22 dias.

Isso não é para ser feito uma única vez e ser esquecido, mas sim, para ser sempre refinado.

Agora, e após os e-mails automáticos?

Você passa a enviar e-mails "broadcast", que são e-mails "temporais", enviados uma única vez.

Vários exemplos que trouxe para você nesse livro são de e-mails "broadcast".

Esses e-mails tem três objetivos principais:

1. Manter o relacionamento com sua lista enviando conteúdo de valor e interagindo...
2. Fazer novas ofertas, temporais (por exemplo, Black Friday, Natal, Dia das Mães), ou usar acontecimentos que são relevantes para o seu nicho (como o BitCoin tem sido explorado por dezenas de empresas que falam sobre investimentos)...
3. Identificar quais "ganchos" da sua comunicação funcionam melhor para adicionar nos seus e-mails automáticos...

Sim, isso mesmo.

Uso muito esse formato de e-mails para contar histórias e trazer novas "dicas" (basta você ver o blog da CopyCon: cada e-mail "broadcast" vira um post no blog). Mesmo o blog não estando atualizado, você pode ver como desde o começo vou contando uma história.

E os melhores e-mails (ou seja, os que têm a maior abertura, cliques – e vendas), entram para a sequência automática.

Esses e-mails são cruciais, porque é aqui que você realmente encontra as empresas consistentes.

Em 3 anos, em apenas 2 ocasiões fiquei sem enviar pelo menos 1 e-mail por semana para minha lista da CopyCon.

Um dos meus mentores, Roy Furr, envia e-mails de segunda a sexta há alguns anos, sem falhar uma única vez.

E ao contrário do que você pode pensar...

As taxas de abertura dos e-mails permanecem praticamente iguais.

E quanto mais e-mails você envia... mais dinheiro você faz.

Desde que seu conteúdo continue sendo super-relevante para sua audiência.

> ### Exercício de Revisão
>
> 1. Como você vai montar sua sequência "soft sell"? Quantos e-mails e quais histórias ou casos de uso você vai contar?
> 2. Quantos e-mails de "hard sell" você vai enviar?
> 3. Em quais campanhas suas você rodará o "post sell"?
> 4. O que você fará DEPOIS que sua campanha principal terminar (com quem comprou e com quem não comprou)?
> 5. Como você fará seus e-mails "broadcasts"? O que você pode enviar nos próximos 90 dias que será interessante e legal para sua lista e você também pode monetizar?

TÉCNICAS AVANÇADAS

Pesquisa

Para falar sobre esse tópico, na verdade precisamos conversar um pouco sobre **conceitos** de negócios.

Imagine a seguinte situação:

Você vende o melhor hambúrguer do mundo. Todos que comem, elogiam. Você se prepara e começa a divulgar em uma cidade que você acabou de se mudar.

Porém, as vendas não acontecem. Você fica semanas tentando vender e não consegue.

Até que um dia você decide <u>conversar</u> com as pessoas da região e descobre que por algum motivo elas são... vegetarianas.

Óbvio que elas não comprariam um hambúrguer.

Veja, isso é mais comum do que parece.

Um cliente me contratou para fazer uma campanha para arquitetos profissionais... porém, o produto E o público eram de engenheiros. E a maioria que ainda estava na faculdade.

Esse foi apenas um dos motivos que essa campanha não vendeu praticamente nada.

Mas a questão de definir o seu público-alvo é fundamental.

Por isso, <u>sempre</u> que inicio <u>qualquer</u> campanha, não escrevo uma linha, nem planejo nada, sem rodar uma pesquisa.

Já mostrei um e-mail de pesquisa e boas-vindas que usei para uma clínica oftalmológica.

Aqui está mais uma variação:

Assunto: Quem é você?
Do Escritório de Gustavo Ferreira
Terça-Feira, 06/12/2016, 11:08
Caro Amigo,

Hoje é um dia especial!

Porque descobri que a febre que tive semana passada era amigdalite, e não teve jeito... estou tomando antibiótico (algo que consegui ficar anos sem tomar)...

Mas já estou melhor :-)

E está naquela época do ano que estou finalizando meu plano estratégico de 2017...

Mas...

O que seria do meu planejamento... sem saber o que **VOCÊ** precisa? :-)

Veja, construí a CopyCon e todos meus materiais para você...

Tenho algumas ideias que já estão no forno... outras que estou em dúvida...

E só consigo saber o que é MELHOR para você...

Se o conhecer melhor.

Então aqui está minha oferta:

1. Você me diz... <u>Qual seu maior desafio em copywriting, marketing e estratégias de negócios.</u>
2. Você me fala mais um pouco sobre você.
3. Eu termino meu planejamento do ano que vem de acordo com o que VOCÊ quer.

E se você já me conhece um pouco... sabe que vou preparar algo extraordinário.

Então...

>>> <u>Clique aqui para me dizer sobre sua situação</u> <<<

Nos próximos dias vou ler tudo...

(e a cada resposta dou um high-five para você!)

E quanto mais específico e detalhado você for... MAIS eu vou poder lhe ajudar.

E fique atento... porque o ano ainda não acabou, ainda vêm muitas novidades pela frente ;-)

À Sua Riqueza e Felicidade!

Gustavo Ferreira

PS: se você já mandou um e-mail para mim, sabe que leio e respondo a todos. E como minha lista não é tão grande, COM CERTEZA vou ler sua resposta.

Se sua resposta for muito legal, podemos até conversar mais sobre isso um a um :-)

Então aproveite agora que você está com esse e-mail aberto e pensando no assunto e me diga:

Qual seu maior desafio em copywriting, marketing ou estratégias de negócios?

Sua resposta significa o mundo para mim :-)

E uma alternativa que uso de tempos em tempos:

Assunto: 1 pergunta = 1 vídeo :D

Do Escritório de Gustavo Ferreira

Sexta-Feira, 15/09/2017

Gustavo,

Hoje é um dia especial!

Na verdade, muitas mudanças estão acontecendo por aqui...

E nesse final de ano estou focado em três projetos gigantes.

Porém...

Como meu compromisso é SEMPRE entregar valor para você... (diferentes de certos "gurus" que só aparecem para lhe vender alguma coisa)

Minha proposta é a seguinte:

Me pergunte qualquer coisa.

Cada pergunta terá uma resposta em vídeo que vou compartilhar com todos a partir da próxima semana.

(segunda-feira é meu dia intensivo de gravação)

Algumas ideias...

Qual seu maior desafio na hora de vender (online ou off-line)? Como começar um negócio? Como crescer um negócio? Qual o sentido da vida?

Qualquer coisa ;)

Não garanto que vou criar vídeos para todas as perguntas.

Mas você terá uma resposta pessoal e direta minha nos próximos três ou quatro dias por e-mail.

Ok?

Então, me diga agora...

Qual sua maior dúvida?

À Sua Riqueza e Felicidade!
Gustavo Ferreira

Veja que esse e-mail é poderoso.

E as pessoas VÃO responder.

A principal pergunta que você deve fazer é...

Qual sua maior dúvida ou dificuldade para <x>?

Você terá respostas como essa (textos copiados e colados quase na íntegra da forma que foram recebidos):

> Então dúvidas tenho aos montes mas a que mais me intriga é com relação ao cliente ideal (Persona/Avatar)
>
> Vamos supor que estou começando um trabalho do zero não que "eu" esteja no zero, mas o projeto que vou trabalhar... e não tenho lista anda
>
> Qual a melhor forma de acetar... pelo menos minimamente qual o cliente ideal para aquele projeto? quem é (são) a(s) minha(s) Persona/Avalar?
>
> Que tipo de levantamento eu preciso fazer?
>
> O tamanho do mercado (por exemplo a faixa de idade de mulheres entre 25 a 34 anos é 60% maior do que todas outras faixas de idade dentro dos prováveis interesses) só por ser essa faixa de idade uma fatia bem maior que as demais, isso serve como critério para buscar aí a minha persona?

Não sei se ficou muito claro... mas resumindo minha dúvida é saber quais os critérios eu tenho que estabelecer para encontrar meu cliente ideal... e como fazer isso na prática.

Tenho muitas dúvidas a respeito do marketing digital e Copyright, sei que é difícil responder todas, mas mesmo assim vou mandar pois pode servir para você fazer vídeos futuros.

São essas:

- como posso criar funis de venda e funis de leads?
- como criar storyteling de sucesso para motivar a persona?
- como divulgar produlos digitais nas mídias sociais e em sitesa/blogs?
- O que é a alma do negócio de Copyright? Como utilizá-la para inspiração e incentivo nos momentos dificeis?
- Como posso fazer um ebook ou iscas digitais?
- como posso gerar leads, nutrir e vender?
- O que devo saber para ter sucesso com Copyright e marketing digital?
- O que você faz para se desenvorver nas práticas de Copyright e marketong digital?

A maior dificuldade que estou encontrando no inicio do meu negócio, é trabalhar sem as provas sociais e histórico de serviços realizados, que também servem como prova.

Minha empresa é de reformas e contruções, e dependemos mudo desses gatilhos para convencer novos clientes.

Mas corno é uma empresa nova, não temos ainda uma base de clientes, e temos um histórico muito pequeno de obras para serem exploradas.

Minha pergunta é, como fazer para trabalhar de forma efetiva e ética prova social e histórico em um negócio novo?

Se você quiser, pode adicionar algumas perguntas para definir demograficamente o seu público, como idade, gênero, educação, e também questões específicas (para minha própria lista costumo perguntar se já tem um negócio, se já tem lista de e-mails e faturamento, por exemplo).

Você deve priorizar analisar as respostas mais completas, foque sua atenção nisso.

Por exemplo, o que você acha que a pessoa quis dizer com essa resposta:

Obter lead

Essa pesquisa é importante porque com base nela você descobre...

1. As maiores dores do seu público (e quais ofertas você pode criar para ele)...
2. As <u>palavras</u> que seu público usa...

Hoje utilizo uma "word cloud" para saber quais palavras são mais faladas.

acho (47) ajuda (22) ajudou (23) alguem (49)
amor (55) cara (55) certo (30) coisas (20) comecei (21)
comigo (32) conquistar (36) conseguir (24)
consigo (37) dicas (64) encontrar (46)
entender (27) estado (24) faco (26) ficar (38) gosto (22)
homem (169) homens (107)
inseguranca (23) interesse (25) manter (36) medo (45)
melhor (34) mesmo (39) mim (78) mulher (84)
mulheres (28) ninguem (19) pessoa (84) pessoas (36)
proprio (27) realmente (26) relacao (35)
relacionamento (165)
relacionamentos (26) saber (76) sentimentos (26) serio (45)
sexto (26) sofrer (20) sozinha (53) tecnicas (21) tempo (32) traicao (23)
vida (44) videos (24)

Nesse exemplo, mulheres sentem medo de ficar sozinhas, querem dicas para conquistar homens e entrar em um relacionamento.

Uso isso apenas como uma referência, porque você precisa realmente "entrar na mente" do seu público para saber o que ele quer.

Porque se você é o público-alvo (nesse exemplo, se você é mulher), e falo para você algo como...

> "Imagine que você é capaz de encontrar e conseguir um relacionamento sério, com o homem dos seus sonhos e você nunca mais terá medo de ficar sozinha."

Se esse é um tema recorrente e relevante, provavelmente você seria "fisgado" (ou melhor, fisgada) por essa mensagem.

Agora, qual a forma mais efetiva de se realizar essa pesquisa?

A principal e mais rápida é você usar sua própria lista de e-mails para isso.

Se você está no começo, ou quer ir ainda mais fundo, o que **realmente** sugiro é **conversar pessoalmente ou por telefone** com pessoas que são seu público-alvo.

Em 2016 fiz uma campanha para o nicho de fotografia.

Para realmente "ir fundo" na mente desse público, e saber quais eram as dores dele, além de fazer uma pesquisa com a lista que eles tinham...

Me infiltrei em um evento.

Como eu tinha acesso à plateia e ao *backstage*, literalmente agi como um espião.

Falando com uma pessoa no café, dizia que estava iniciando na área. Com outra, estava me reciclando. Em outro momento era um profissional na minha cidade. No *backstage*, ora era apenas um amigo, ora era um consultor, ora era um pesquisador.

Nunca tive tantas faces em um mesmo dia.

Mas quando saí, sabia exatamente quem era o público-alvo, e quais mensagens conectariam melhor com ele.

Em uma campanha para mulheres em busca de um relacionamento, além da pesquisa com a lista, também li centenas de comentários no Facebook.

Entrei na lista de 5 concorrentes para saber quais ofertas estavam fazendo.

Analisei as postagens mais curtidas no Facebook.

Em uma campanha similar, analisei mais de 2 mil publicações em um grupo no Facebook.

Escutei o que minhas amigas falavam sobre os relacionamentos delas.

Mais uma vez, a campanha foi um sucesso.

A pesquisa é um passo fundamental para você ter sucesso no seu negócio.

Sugiro você fazer essas pesquisas pelo menos duas vezes por ano, para saber o que seu público está pedindo.

E isso é muito importante.

Porque seu público evolui. Seu público cresce.

E você deve estar <u>sempre</u> antenado ao que ele está pedindo.

Por exemplo, o meu Programa Elite (e esse próprio livro) não existia, nem estava nos meus planos. Mas recebi dezenas de perguntas sobre como se criavam campanhas de e-mails eficazes.

O objetivo da sua pesquisa é ir fundo na mente do seu cliente.

Quanto mais alinhado sua comunicação estiver com o que seu público quer, mais você irá vender.

Alguns pontos importantes que valem você identificar na sua pesquisa:

1. Quais as maiores dores "diárias" do seu público? Por exemplo, diabéticos querem comer doce e não podem.
2. Quais são as dores <u>emocionais</u> do seu público? Uma coisa é ser fisicamente gordo. Outra coisa é você se <u>sentir</u> gordo, e pior ainda, rejeitado.
3. Quais as palavras que seu público usa normalmente no dia a dia?
4. Quais são os sonhos e desejos deles?
5. Quantos concorrentes existem no mercado e o que oferecem? Qual a faixa de preço de cada um dos produtos?
    5.1. O que cada um dos produtos dos seus concorrentes resolve especificamente?
    5.2. O que seus concorrentes falam em comum?
6. Como sua solução pode ser diferente (entregar algo melhor e/ou mais rápido)?
7. Qual o tamanho do seu mercado? Quantas pesquisas mensais no Google, qual o tamanho do interesse do público no Facebook?
8. Quais os hábitos de compra do seu público? Compras online? Compras presenciais?
9. Onde eles ses reúnem? Em eventos locais? Comunidades? Centros empresariais? Bares? Baladas?

Responda esses itens, e você terá uma mina de ouro na mão.

Porque você terá DADOS.

Saiba interpretá-los e você pode ficar rico com isso de verdade.

E-mail de 9 palavras

Bom, este é um dos meus "e-mails mágicos".
Aqui está um exemplo:

```
Gustavo    Entrada x

Gustavo Ferreira (pessoal) por acems2.com
para mim

Você tem alguma dúvida do Programa Elite?

Gustavo




                              Enviado para:
                              Cancelar a inscrição
          CopyCon, Rua Teodoro de Beaurepaire, Ipiranga, Sao Paulo - SP, 04279030, Brazil
```

Preste atenção aos detalhes:

1. O remetente está como "pessoal".
2. Há vários espaços em branco logo abaixo da mensagem (para "esconder" que é uma mensagem disparada por uma ferramenta).
3. O assunto do e-mail é o nome do lead.

Com esse e-mail, nesse formato, consigo uma taxa média de abertura de 65%.

E quase metade das pessoas que abrem o e-mail, respondem.

Aqui estão mais algumas variações:

> **Still interested?** Entrada x
>
> **Tim Francis** support@profitfactory.com por infusionmail.com
> para mim
>
> inglês > português Traduzir mensagem
>
> Hey Gustavo,
>
> Are you still interested in getting an Assistant?
>
> Hit REPLY and let me know.
>
> Tim :)

Tradução:

Ainda interessado?

Ei Gustavo, você ainda está interessado em contratar um Assistente? Clique em RESPONDER e me avise.

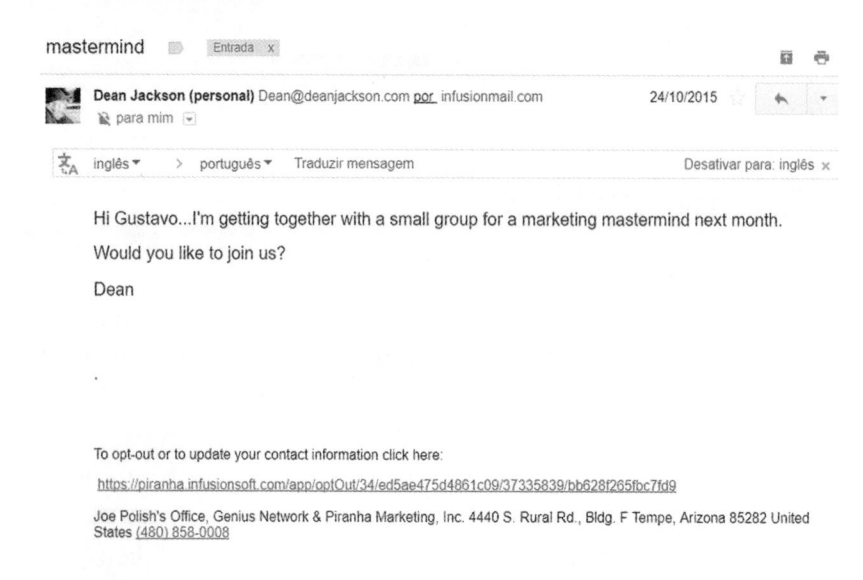

> **mastermind** Entrada x
>
> **Dean Jackson (personal)** Dean@deanjackson.com por infusionmail.com   24/10/2015
> para mim
>
> inglês > português Traduzir mensagem   Desativar para: inglês x
>
> Hi Gustavo...I'm getting together with a small group for a marketing mastermind next month.
>
> Would you like to join us?
>
> Dean
>
> .
>
> To opt-out or to update your contact information click here:
> https://piranha.infusionsoft.com/app/optOut/34/ed5ae475d4861c09/37335839/bb628f265fbc7fd9
>
> Joe Polish's Office, Genius Network & Piranha Marketing, Inc. 4440 S. Rural Rd., Bldg. F Tempe, Arizona 85282 United States (480) 858-0028

Tradução:

Olá Gustavo... Estou reunindo um pequeno grupo para um mastermind de marketing mês que vem. Você quer se juntar a nós?

Perceba que nesse último exemplo, a primeira palavra do assunto está em minúsculo.

Isso também chama a atenção e faz parecer pessoal.

Esse e-mail é tão poderoso, que mesmo eu que conheço e SEI o que está sendo feito, ainda respondo quando recebo. :)

Veja...

O objetivo desse e-mail é você <u>iniciar uma conversa</u>.

Prepare-se para receber uma enxurrada de respostas... e a responder todos.

Perceba que o e-mail não precisa ter *necessariamente* 9 palavras.

A chave é o e-mail parecer o mais pessoal possível.

Você pode usar essa tática em alguns momentos.

1. Quando você está em uma campanha "hard sell", no penúltimo dia da campanha você pode enviar esse e-mail (isso ajuda a identificar as objeções antes de terminar a campanha)...
2. Depois de 2 ou 3 meses que você enviou suas promoções e o seu cliente não comprou, você pode perguntar se o lead "ainda está interessado" no assunto...
3. Você pode fazer um convite pessoal (como o exemplo do mastermind)...

Lembre-se que você precisa responder as mensagens.

Sua resposta pode ser tanto de ajudar as pessoas a entender a sua oferta (se é o 1º caso que falei acima)...

Ou você pode direcioná-las para um conteúdo de valor (ou para a entrada de um novo funil, se for o 2º caso).

Ou até mesmo dar mais detalhes da sua oferta (se for o 3º caso).

Esse é um dos e-mails mais poderosos que você pode ter no seu arsenal.

Não tenha medo de usar :)

Hipersegmentação

Um aspecto muito importante para o sucesso nas suas campanhas de e-mails é segmentar o interesse.

Você pode fazer isso de várias formas.

Por exemplo, você pode segmentar logo no opt-in, como já dei o exemplo na seção de "landing pages".

Ou, você pode fazer uma pergunta específica e direta para seu lead:

Qual AÇÃO #1 Você Precisa Tomar Agora Para Conseguir Mais Resultados?

- Preciso atrair mais tráfego para meu negócio ou site;
- Preciso ter mais vendas e conversões;
- Preciso integrar estratégias digitais para produtos e services físicos;
- Preciso de uma estratégia para me diferenciar da concorrência.

Se você usar uma dessas duas formas acima, você pode desde o início da sua comunicação, enviar mensagens personalizadas.

Nesse exemplo do "qual seu desafio #1 do seu negócio", envio uma mensagem personalizada com duas dicas específicas sobre o "tema" escolhido.

Uma outra variação também (um pouco mais complexa) é fazer uma "pontuação" das respostas.

A pontuação do seu nível de e-mail marketing é...
82
Isso Significa Que Você Já Usa Bem Seus E-mails

A boa notícia é que com todas as informações que você deu, consigo te ajudar a aumentar seu nível, de uma forma fácil... e com muitos resultados.

Por isso, preste atenção.

Você está no Nível: **Experiente**

Se você quer aumentar seu nível de e-mail marketing, e quer ver tudo o que essa forma de marketing pode gerar de vendas para você, essa pode ser a **mensagem mais importante que você vai ler hoje.**

Através das perguntas respondidas, você cria uma sequência de e-mails específica para cada nível.

Nesse exemplo do "Qual seu nível de e-mail marketing", se você tivesse uma pontuação alta, você não receberia nenhuma mensagem sobre "como começar", e sim sobre "como tirar mais" da sua lista.

Há também uma outra forma que você pode fazer isso.

Veja novamente um trecho de um e-mail enviado para minha lista:

> Será que começaram a ter muitos problemas no tempo de garantia?
> Será que agora os materiais são menos confiáveis?
> Nós vamos comprar porque não temos opção...
> Mas a insegurança bate.
> O que nos leva ao tema de hoje...
> **Sua Garantia é Ética?**
> A garantia do seu produto ou serviço serve exatamente para isso.
> Tirar o peso da decisão do cliente para que ele teste.
> Já foi provado que garantias maiores tem MENOS devoluções.
> No meu livro *Gatilhos Mentais* falo de um caso de uma oficina de automóveis que deu garantia vitalícia para as peças...
> E praticamente não tiveram retornos.

Se você clicar no link do meu "Livro Gatilhos Mentais", você receberá uma "tag", e então (se você ainda não tiver comprado esse livro) você passará a receber mensagens específicas sobre ele.

Uma forma de entender isso é como nessa imagem:

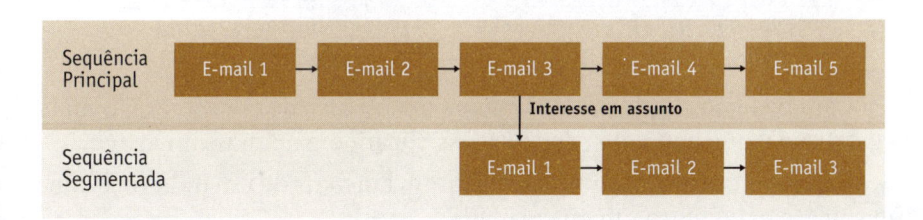

Sequência Principal	E-mail 1	E-mail 2	E-mail 3	E-mail 4	E-mail 5
			Interesse em assunto ↓		
Sequência Segmentada			E-mail 1	E-mail 2	E-mail 3

Essa é uma forma muito eficaz de você preparar suas campanhas.

Porque você envia suas ofertas apenas para quem está realmente interessado.

E você pode testar isso de várias formas, até encontrar o que funciona melhor para você.

Hoje apenas envio minhas campanhas "hard sell" para quem abrir pelo menos um dos e-mails "soft sell".

Várias vezes também adiciono uma "autoexclusão" da campanha:

> PS: Se você NÃO quer saber sobre histórias que vendem, mas quer continuar recebendo meus e-mails, apenas clique aqui e não vou enviar mais e-mails sobre isso.

Isso é fundamental para seu sucesso.

Minha sugestão é:

Comece Pelo Simples

Para cada "clique" que seu cliente der nos seus link, identifique isso como um interesse.

Por exemplo, para um cliente, enviamos 3 artigos em um mesmo e-mail:

> #1. "Porque Atraio Homens Cafajestes" (e o que você precisa saber para atrair o príncipe, e não o cavalo :)
> #2. A Chave Mestra da REconquista (e como você fica forte e firme consigoo mesma)...
> #3. 4 Ingredientes de Ouro Para um Relacionamento Duradouro (como você faz para manter um relacionamento sempre quente)...

Com base no clique, identificamos o interesse das pessoas. E o mais legal disso é que a maioria das pessoas clicará em apenas um artigo.

E para os que eventualmente clicarem em mais de um link, você simplesmente estabelece uma prioridade.

Nesse exemplo acima, a maior parte das pessoas clicaram no segundo artigo.

Os poucos que clicaram em mais de um artigo, receberão primeiro o tema "principal".

Com o tempo você pode evoluir para segmentações cada vez mais avançadas.

QUANTOS E-MAILS VOCÊ DEVE ENVIAR?

Agora vamos lá...

Quantos e-mails você deve enviar para seu cliente?

Sem sombra de dúvida, a resposta correta é: **mais do que você envia hoje**.

Quanto mais e-mails você enviar, mais você irá vender.

Simples assim.

Algumas das maiores autoridades de e-mail marketing sugerem enviar e-mails todos os dias.

Como sei que não é fácil fazer isso, aqui estão algumas recomendações importantes:

1. Envie no mínimo 1 e-mail por semana
2. Para um bom resultado, envie 2 a 3 e-mails por semana com conteúdo (e ofertas "soft sell")...
3. Para cada e-mail "hard sell" (porque você pode fazer um hard sell de apenas um dia também se você quiser), envie de 4 a 6 "soft sell".

Aqui está uma ideia para você distribuir seu envio de e-mails com conteúdo, "soft sell" e vendas ("hard sell"):

Dias 1, 2, 4, 5, 7 e 8 => envie e-mails "soft sell"
Dias 9, 10 e 11 => envie e-mails "hard sell"

Na seção de estratégias para seus e-mails, você verá a Estratégia do Martelo, que também é muito efetiva.

Há muitas divergências sobre a quantidade de e-mails que você deve enviar.

O que acabei de dar são apenas algumas recomendações gerais.

Hoje, o que mais faço é o seguinte:

1. Crio uma campanha "soft sell" com 6 e-mails (geralmente envio 4 e-mails seguidos, 1 por dia, e dou um intervalo de 1 ou 2 dias para enviar os demais)

2. Faço uma campanha "hard sell" de 2 dias, da seguinte forma:
   - Dia 1: De manhã envio para todos
   - Dia 1: No meio ou final da tarde reenvio o mesmo e-mail para quem não abriu
   - Dia 1 (opcional e depende da campanha): Envio um terceiro e-mail com foco em escassez e depoimentos
   - Dia 2: De manhã envio para todos
   - Dia 2: No meio da tarde, reenvio o mesmo e-mail para quem não abriu
   - Dia 2: Envio do e-mail de 9 palavras no fim da tarde
   - Dia 2: E-mail de "última chamada"

Essa sequência "hard sell" de dois dias costumo fazer para produtos de menor valor.

Para produtos com ticket maior que R$ 500,00, geralmente faço 4 dias de "hard sell".

E, novamente, o ideal é você ter 3 meses de e-mails automáticos planejados.

Ou seja, se seu cliente entra na sua lista hoje, durante 90 dias eles receberão suas ofertas de forma automática.

Após esse tempo, geralmente recomendo as sequências "broadcast", que são os e-mails não automáticos.

Porém, essa é apenas uma referência. Conheço alguns empreendedores com 1 ano de sequências automáticas, e elas funcionam muito bem.

Exercício de Revisão

1. Qual sua estratégia para fazer sua pesquisa?
2. Em quais momentos da sua campanha você pode enviar o "e-mail de 9 palavras"?
3. Como você vai segmentar os interesses da sua lista?
4. Quantos e-mails você pretende enviar nos próximos 3 meses, intercalando ofertas "soft sell" e "hard sell"?

O QUE FAZ SEUS E-MAILS SEREM ABERTOS?

Na verdade, existem dois fatores principais que influenciam a abertura dos seus e-mails.

Fator #1: **Remetente**

Sim, isso mesmo.

O primeiro filtro de decisão se alguém abre ou não seu e-mail é seu nome.

Por exemplo, todos os dias recebo uma média de 80 e-mails promocionais, e abro apenas 4 ou 5 deles.

Assim como eu, a maior parte das pessoas olha o remetente do e-mail.

Hoje assino meus e-mails com meu nome:

Gustavo Ferreira

Em um e-mail específico que coloco em minhas campanhas (o e-mail de 9 palavras que você já viu), faço apenas uma alteração no remetente:

Gustavo Ferreira (pessoal)

Também mudo o e-mail de origem para gustavo@copycon.com.br nesse caso.

Esse simples parênteses faz quase <u>dobrar</u> o número de aberturas.

Faça alguns testes, veja o que funcionará melhor para você.

Algumas pessoas mudam o remetente e colocam "apelidos", ou "completam" o assunto. Por exemplo:

Remetente: PHP Completo
Assunto: Livro PHP do autor xxxx

Confesso que nunca fiz esse teste acima, mas como já disse...

Apenas os números darão a resposta correta.

Algumas variações que já testei com sucesso:

Gustavo Ferreira – CopyCon
Gustavo Ferreira, CEO
Guto Ferreira
Gustavo Ferreira, Diretor de Marketing

Uma outra abordagem que você pode usar é brincar com imagens na cabeça do cliente.

Imagine que o nome do seu lead seja "João".

Você pode mandar um e-mail com o remetente:

João do Futuro

Nesse caso, o corpo do e-mail é como se fosse o "João do Futuro" falando com o "João do Presente" (o assunto que mais uso nesse teste é "Uma mensagem do futuro para você").

Outras variações que você pode brincar com o remetente:

Seu anjo
A Máquina do Tempo
A Fada dos Desejos

Como você pode ver, a sua imaginação é o limite.

Agora, já vimos o 1º fator.

Fator #2: O Assunto

Seu cliente já viu que é um e-mail seu...

Agora você precisa fazê-lo abrir.

Para isso, há três boas práticas principais para criar um "assunto" que chame a atenção.

1. Benefício Específico

Deixe claro o que está dentro do e-mail.

Por exemplo:

> 14 Livros de Copywriting Para Você Ler
> 5 Dicas de Vendas em 2 Minutos
> Como Você DOBRA as Vendas (com 1 detalhe simples)

2. Curiosidade

A própria construção de criar uma mensagem específica já gera curiosidade.

Mas você também pode explorar isso de outras formas, por exemplo...

> Tudo estava bem, até que ela fez isso
> Se você ouvir isso, corra para o médico

Perceba que essas mensagens são de pura curiosidade.

São chamados de "títulos cegos". O risco de você usar isso é que se seu relacionamento com sua lista não for saudável, você pode ter menos aberturas do que gostaria.

3. Personalização

Veja alguns pares de frases, e tente adivinhar qual <u>tende</u> a ter mais aberturas:

> 1: Como Fazer Tricô
> 2: Faça Tricô
> 1: João, veja isso
> 2: Veja isso
> 1: Você está bem?
> 2: Está tudo bem?

Como você pode ter adivinhado, o primeiro item de cada par <u>tende</u> a ter uma abertura maior. Porque *parece* mais pessoal.

Dentro do meu livro Palavras Que Vendem Milhões, você tem 152 exemplos de headlines que você pode adaptar para seus assuntos de e-mail também.

E na área de bônus do livro, deixei meus "Top 50" assuntos de e-mails, que geraram mais abertura para mim.

(acesse aqui: https://copycon.com.br/bonus-livro-email/)

4. Dicas Extras

Você pode usar algumas variações para destacar o seu e-mail dos outros.

Por exemplo...

[ABRA] 32 Gatilhos Mentais
[Artigo] Será que você tem dedo podre?
32 Gatilhos Mentais <<< Vídeo GRATUITO
[GRATUITO] Descubra se você tem dedo podre

Essas são apenas algumas ideias que você pode explorar.

Se sua ferramenta de e-mail marketing suportar, você pode adicionar emoticons também.

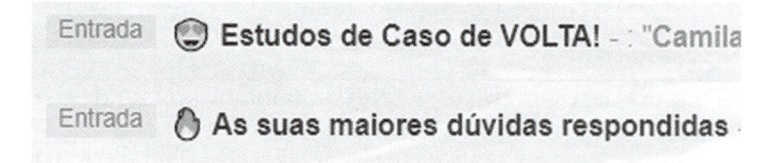

| Entrada | 😁 Estudos de Caso de VOLTA! - "Camila |
| Entrada | 🔥 As suas maiores dúvidas respondidas |

COMO VOCÊ FAZ A PONTE ENTRE "RELACIONAMENTO" E "VENDA"

O que você viu até agora é apenas uma introdução para você criar suas campanhas de e-mail marketing.

E quero que você fique tranquilo.

Porque se você sempre entregar valor, e manter <u>consistência</u> no seu relacionamento com a sua lista, você irá conseguir vender. Sempre.

E se você criar automações que respeitam o interesse dos clientes (veja novamente a seção de Hipersegmentação), você tende a ter um resultado incrível.

DETALHES QUE NUNCA TE CONTARAM

Ainda dentro do que considero "técnicas avançadas", há uma série de detalhes que vão fazer uma diferença enorme no resultado geral.

Agora, se você aplicar esses itens, na maioria deles você não conseguirá medir o ROI (retorno sobre o investimento).

Porque o retorno desses itens é emocional. É confiança. Pessoalidade. Vamos a eles:

Cabeçalho e Saudação

Veja esses exemplos dos meus e-mails:

Meu projeto secreto revelado... Entrada x

Gustavo Ferreira contato@copycon.com.br por s2.acemsrvf.com
para mim

Do Escritório de Gustavo Ferreira
Terça-Feira, 14/03/2017

Caro Amigo,

E veja esse e-mail:

Como Alcançar Suas Metas em 2016 (não é o blablabla de sempre)
Entrada x

Gustavo Ferreira contato@copycon.com.br por mail222.atl101.mcdlv.net   30/12/2015
para mim

De Uma Pousada em Ilha Comprida
Quinta-Feira – 31/12/2015

Caro Amigo,

O bom de ser um estudioso de religiões, filosofias e histórias, é que comemoro o Ano Novo em várias ocasiões.

Como mantenho a **consistência** nas minhas comunicações, quando mudei de "Do Escritório de Gustavo Ferreira" para "De uma pousada em Ilha Comprida", recebi algumas respostas de "boa viagem", e também dicas de viagem sobre Ilha Comprida.

Lembre-se, quanto mais <u>pessoal</u> parecer, melhor.

Aqui está um exemplo do lendário Gary Halbert:

```
                    THE GARY HALBERT LETTER
                           SUITE 208
                        8033 SUNSET BLVD.
                      LOS ANGELES, CA 90046




From:
Los Angeles, California
Saturday, 9:05 A.M.
June 4, 1988

Dear Friend & Subscriber,
```

Parece ser uma carta pessoal.

Esse deve ser o "tom" das suas mensagens.

Quanto mais detalhes você der, mais seu cliente se sentirá conectado a você.

Assinatura

Aqui está a assinatura dos meus e-mails:

> À Sua Riqueza e Felicidade!
> Gustavo Ferreira

Isso se tornou uma "marca" minha, e várias vezes recebo e-mails de clientes agradecendo pelos conteúdos e assinando da mesma maneira.

Se você montar sua assinatura de modo a transmitir sua missão pessoal, isso também gera conexão emocional com seus clientes.

Aqui está uma outra forma para você "turbinar" sua assinatura.

```
DOTCOM [SECRETS]

Not Sure The Best Way To Get Started? Here are some of our
top resources to help you get started FAST...

=== Connect With Our Community (You Are NOT Alone!) ===
Step #1 - Join The Funnel Hacker Facebook Group
Step #2 - Connect On These Other Platforms:

    Facebook | Twitter | Instagram | YouTube | Snapchat

=== The Essential's (Everything You Need To Win) ===
Here are a few of the other tools and resources that we
recommend that will help you on your journey...

ClickFunnels | DotComSecrets Book | Funnel Scripts | FunnelU
| Instant Funnel Hacking | 108 Proven Split Tests Book | Funnel
   Swag | Russell Brunson's Inner Circle | Expert Secrets

=== Behind The Scenes Training ===

   Funnel Hacker TV | Marketing In Your Car | Funnel Friday's

                    © SuccessEtc Publishing
By reading this, you agree to all of the following: You understand this to be an expression of opinions
and not professional advice. You are solely responsible for the use of any content and hold
SuccessEtc Publishing and all members and affiliates harmless in any event or claim.

If you purchase anything through a link in this email, you should assume that we have an affiliate
relationship with the company providing the product or service that you purchase, and that we will be
paid in some way. We recommend that you do your own independent research before purchasing
```

Após todo o seu conteúdo você pode mostrar suas ofertas.

Russel Brunson (autor desse e-mail), já disse que cerca de 10% das vendas dele se originam das ofertas "pós e-mail".

Limpeza (Higienização da lista)

Algo infelizmente comum é seus leads pararem de interagir com você.

Por isso é importante você sempre "limpar" sua lista de e-mails.

Aqui estão 2 dicas importantes para você:

1. **Se o seu cliente não abrir o primeiro e-mail (de boas-vindas), tente reenviar mais 3 ou 4 vezes, ao longo de uma semana.**

Se nesse período seu e-mail não for aberto, descadastre.

Aqui está um exemplo:

<nome>

Por algum motivo você não abriu sua 1ª lição do curso gratuito de copywriting...

E isso significa duas coisas...

#1. Você não viu por algum motivo, ou...

#2. Você não está interessado.

Se o seu caso é o 1º, então está tudo bem, e você vai continuar recebendo as próximas lições.

Se o seu caso é o 2º, aqui está o link para você se descadastrar: <link de descadastro>

Sim, sou prático e só quero entregar algo que você quer receber.

Senão... daqui 2 dias vou excluir você da minha lista.

Você pode voltar depois...

E continuamos amigos, ok? ;-)

Aqui está a 1ª lição:

<e-mail continua...>

---

2. Se você enviar 20 e-mails, e nenhum deles for aberto, descadastre.

Se você mantém uma comunicação regular como sugiro, esses 20 e-mails serão enviados em aproximadamente 30 a 40 dias.

Se nesse período seu lead não abrir nenhum e-mail...

Provavelmente ele perdeu o interesse.

Ou seja... não perca seu tempo.

Se ele quiser, voltará depois.

Algumas pessoas mandam um "aviso" de que será feito o descadastro, mas minha experiência mostra que a qualidade dos leads "reativados" dessa forma é muito baixa, e cai no esquecimento novamente.

Peça para as pessoas responderem

Essa é uma técnica simples, mas o efeito é muito importante.

Se seus clientes começam a responder seus e-mails, é como se você ganhasse "pontos de relevância".

Isso significa que seus e-mails terão uma melhor taxa de entrega na caixa de entrada.

Autenticação de domínio

Essa é uma parte técnica, e você deve ver caso a caso com sua ferramenta de e-mail marketing e seu provedor de domínio.

Pesquise como você autentica seu domínio com SPF e DKIM.

São configurações simples que também aumentam a "relevância" do seu domínio e melhora sua entrega.

Testes AB

Ao mesmo tempo que isso é básico, também é avançado.

O que é um "Teste AB"?

É você testar duas ou mais variações de uma campanha e comparar o resultado.

A maioria dos provedores de e-mail marketing suportam esses testes.

O teste mais simples é entre os assuntos.

Por exemplo, aqui está um teste de campanha que fiz:

- **Assunto 1**: A Lenda do Copywriter Solitário
- **Assunto 2**: O Maior Copywriter do Mundo

O assunto 1 teve o dobro de aberturas do que os outros assuntos.

Você pode definir um "vencedor" de um Teste AB através da quantidade de aberturas OU quantidade de cliques.

Existe uma forma avançada de Teste AB que também sugiro você fazer.

Você pode fazer isso quando você quer testar um novo "funil" para rodar no piloto automático.

Funciona assim:

1. Rode uma campanha normal (com "soft sell" e "hard sell") para 20% da sua lista (você também pode rodar um "post sell" se desejar)...
2. Com base no resultado (aberturas e cliques de cada e-mail e vendas), revise os "assuntos", identifique e resolva objeções e faça um <u>novo</u> teste para mais 20% da sua lista...

3. A tendência é que você terá MAIS vendas com o segundo teste. Mais uma vez, analise e-mail a e-mail, revise toda a campanha (assuntos, objeções, etc.), e faça um novo teste para 60% da sua lista.
4. Mais uma vez, a tendência é que você terá MAIS vendas com o terceiro teste. Se você identificar mais algum item relevante, faça uma nova revisão na campanha.

   Aqui você deve buscar sua métrica de referência-base.

   Ou seja, a cada 100 leads, você gera "x" em vendas.
5. Faça um teste com tráfego frio.

   Ou seja, faça anúncios para uma página de captura, e veja se as suas "métricas-base" se mantêm.

A "métrica base" mais precisa que você tem é a que vem de tráfego frio, ou seja, pessoas que ainda não te conhecem.

O seu objetivo é criar uma campanha que, no mínimo, se pague.

Se você seguir essa estratégia de Teste AB, rapidamente você é capaz de criar uma campanha forte, que vai gerar lucro para você.

Há mais alguns detalhes importantes que preciso que você entenda, mas vou falar mais disso no tópico "Onde está o dinheiro de verdade".

Exercício de Revisão

1. Como você deixará seus e-mails mais pessoais?
2. Sua assinatura reflete sua missão pessoal?
3. O que você pode colocar APÓS sua assinatura?
4. Quantos "Teste AB" você pretende fazer nos próximos 3 meses?

COMO VOCÊ MEDE O SUCESSO DE UMA CAMPANHA (E NÃO É POR ABERTURA E CLIQUES)

É comum você achar que o sucesso de uma campanha de e-mail marketing é "abertura" e "cliques" nos e-mails.

Nada mais longe da verdade.

Essas são métricas importantes de acompanhar para saber a "saúde" da sua lista.

Por exemplo, se a sua taxa de abertura de e-mails é menor que 10%, você provavelmente tem um problema.

Mas, em uma campanha completa, de ponta a ponta...

A Única Medida de Sucesso é Dinheiro no Bolso

Ou seja...

Se você tem mil leads, e consegue faturar R$ 10 mil essa é sua medida de sucesso.

Por que você não olha aberturas e cliques para definir sucesso?

Porque os e-mails de "final de campanha" são os que têm as menores taxas de abertura e as menores taxas de cliques...

<u>Mas são os que geram mais vendas.</u>

Por isso você deve sim olhar abertura e cliques para ter um parâmetro de referência.

Mas a única forma real de medir sucesso, é quanto dinheiro você traz para você.

ONDE ESTÁ O DINHEIRO DE VERDADE

Imagine que você paga R$ 1,00 por lead.

Se a cada 100 leads (R$ 100,00 de investimento) você fatura R$ 100,00, a sua campanha empatou.

Na maior parte das vezes, sua campanha inicial irá apenas se pagar.

Não se preocupe com isso.

Porque o objetivo da sua "campanha de entrada" é apenas trazer leads e, principalmente, o maior número de **clientes**.

Você quer pessoas que realmente colocam a mão no bolso e pagam para você.

Porque se uma pessoa compra uma vez de você... a tendência é que ela comprará de novo.

E mesmo que sua campanha inicial não se pague, você deve focar no seu "backend", ou seja, produtos de valor maior oferecidos DEPOIS que seu cliente já está com você.

Imagine que você constrói apenas um produto ou serviço novo por ano e adiciona isso no seu backend. Vamos fazer uma conta simples:

A cada mil leads, você consegue 50 clientes na sua "campanha de entrada", e é o suficiente para sua campanha se pagar.

Se você tiver mais 3 produtos no seu backend, você pode estimar que pelo menos 5 pessoas comprarão cada um desses produtos (ou seja, mais 15 vendas).

Imagine que cada backend tem o valor de R$ 500,00.

R$ 500,00 x 15 = R$ 7.500,00 de faturamento.

ESSA é a mina de ouro.

Se você tem apenas 1 "produto de entrada", ou uma única solução que você oferece, você está deixando dinheiro na mesa.

Quanto mais backends você criar ao longo do tempo, mais dinheiro você fará.

Esse é um jogo de números.

Você terá sucesso quando começar a ser consistente com sua comunicação e cria novas ofertas de acordo com o que seu público quer.

A Estratégia de Ouro

Você já deve ter entendido que a chave para o sucesso é o relacionamento que você gera com sua lista.

Agora, qual a melhor forma de fazer isso?

Contando Histórias

As pessoas adoram histórias.

Porque nosso cérebro, em algum momento da nossa evolução, foi projetado para prestar atenção e lembrar dessas histórias.

Jesus ensinava por parábolas.

Você não lembra de "cursos", você lembra de experiências.

Histórias ajudam e são importantes para reforçar essas experiências.

E você deve sim trazer suas histórias pessoais para seu relacionamento com sua lista...

Porque é assim que você cria marcas no seu cliente.

Você se torna memorável e inesquecível.

E, por incrível que pareça, você também cria amigos.

Tenho um grupo fechado de pessoas que sim, são meus clientes, mas também nos tornamos amigos.

E isso não tem preço.

HISTÓRIAS PESSOAIS

Já dei vários exemplos ao longo do livro, mas preciso reforçar isso com você.

As pessoas QUEREM saber suas histórias. Elas gostam disso.

Aqui está um e-mail que fez um grande sucesso (e $$$) para minha lista:

Assunto: Pimenta na Boca dos Outros é Refresco
Do Escritório de Gustavo Ferreira
Segunda-Feira - 06/06/2016
Caro Amigo,

Sabe aquele ditado que pimenta no olho dos outros é refresco?
Bem, foi quase isso que aconteceu nesse fim de semana.
Mas no nosso caso, foi na boca mesmo.
Antes de explicar o que aconteceu, pense um pouco...
Hoje, a maioria dos produtos e serviços praticamente são commodities.
Se seu cliente não gostar de você, tem alguém do lado para ele escolher.
Então...
Como você se destaca da multidão?
Por exemplo...
Se você vende... pimenta...
Além do "sabor, qualidade e tradição" (e nomes curiosos como faísca, brasinha, etc.).
Por que eu escolheria VOCÊ?
Troque pimenta por qualquer coisa, "digital" ou "físico".
O que nos leva à história de hoje.
No sábado fui com minha esposa em uma feirinha de artesanato.
Havia uns 10 artesãos, com bonequinhas, cerâmica, brigadeiros e... pimenta.
Veja, não sou um apreciador natural de pimenta.
Como minha esposa gosta, aos poucos de vez em quando gosto de colocar na comida.
Mas...
Com tantas coisas legais lá, essa foi a única coisa que compramos.
Por quê?
O vendedor de pimenta e a esposa são de Recife, e criaram a empresa há 2 anos.
Além do sotaque que embala, eles começaram a contar a história de porque resolveram vender pimenta. (cheguei no fim, não escutei) :-(
E tinham vários sabores, alguns mais suaves, outros mais picantes, cada

A ESTRATÉGIA DE OURO

sabor servindo para uma combinação específica de pratos.

Entenda que a mágica já tinha acontecido.

A história deles estava ligada ao produto...

Saíram de Recife, vieram para São Paulo, passaram dificuldades, abriram a empresa e agora estão conseguindo.

A história deles aumenta a conexão e o interesse. Olha a jornada do herói aí!

Com o interesse na história, apresentaram o produto, e como pode ser usado.

Churrasco, salada, frutos do mar... cada prato uma pimenta específica.

Até vimos a pimenta em conserva!

Agora...

Depois de toda essa apresentação...

Por que você não prova a pimenta?

Ele pegou algumas bolachas e passou pimenta... como se fosse patê!!!

Tudo bem, estávamos em 3, e dividimos a bolacha...

Mas experimentamos os 3 sabores que estavam mais próximos do nosso gosto, de acordo com a pesquisa que ele tinha acabado de fazer.

Dos 3 sabores, levamos 2.

Parece simples?

Pense de novo.

O vendedor de pimentas conseguiu, em alguns minutos, passar por todas as fases da venda.

1. Nós não estávamos com vontade de comprar pimenta... ele nos ganhou na história. O foco era ELE e não a pimenta...
2. Com a história, começou a explicar os tipos de pimenta, e como elas combinam...
3. Perguntou o que gostávamos...
4. Apresentou 3 opções, e para tirar a objeção do "vou pensar", ele respondeu com "experimente".

Voltamos felizes com mais 2 pimentas, e até esquecemos que já havia 3 potes em casa.

É fácil fazer isso?

Depende.

Algumas coisas são mais difíceis em contar uma história. (um dia mostro como contar uma história simples com papel higiênico)

Mas se funciona para vender até pimenta, aposto que consegue vender o seu produto ou serviço.

Moral da história...

O que você pode fazer para encantar seu cliente e fazê-lo experimentar seu produto? :-)

À Sua Riqueza e Felicidade!

Gustavo Ferreira

PS: lembre que no meu livro há várias ideias e estratégias para você vender seus produtos e serviços...

Um e-mail simples, pessoal...

E que você consegue SEMPRE manter uma relação de confiança e conexão com seu público.

E lembre-se... quanto mais EMOCIONAL for seu e-mail... mais as pessoas comprarão de você.

NOVELA

Da mesma forma que você sempre pode contar histórias pessoais, você também pode transformar isso em "novelas" (de forma automática ou não).

A chave para isso funcionar é a CURIOSIDADE.

Imagine uma novela, ou uma série.

SEMPRE que algo emocionante está prestes a acontecer...

Vem um intervalo.

Ou acaba e você tem que esperar o próximo capítulo.

A mesma coisa nos seus e-mails.

Quem dominou essa arte das "novelas por e-mail" foi Jason Handerson, e tive o prazer de estudar esse sistema.

Aqui está um exemplo para você entender:

Assunto: A Copy Impossível
Do Escritório de Gustavo Ferreira
Quarta-Feira, 25/01/2017
Caro Amigo,

"Preciso vender R$ 100 mil nos próximos dois dias."
Foi assim que começou a conversa com meu amigo e cliente, o Henrique. Ele me chamou na terça-feira à noite, eu até já estava de pijama em casa.
Ele mora no Rio de Janeiro e naquela semana aconteceu de tudo. Dois parceiros passaram a perna nele, a ex-mulher não queria que ele ficasse com o filho nem um fim de semana (e estava fazendo de tudo para isso).
Devido ter ficado para trás pelos ex-parceiros, estava sem NENHUM dinheiro. Na geladeira não tinha literalmente nada e no armário só tinha um pacote de macarrão (que ele conseguiu fazer para o filho algumas horas antes de falar comigo).
Ele estava desesperado e precisava do dinheiro.
A situação estava crítica...
Ele estava no meio de um lançamento e o carrinho abriria na quinta-feira. Só que ele não tinha nada do roteiro de vendas.
Não faço trabalhos no "pulo". O processo de criar uma copy é MUITO complexo (escrever é a parte mais fácil).
Mas falei...
"A partir de agora esqueça que somos amigos. Você é meu cliente."
E fiz TODAS as perguntas possíveis... perguntei todos os podres do produto dele e falei que só aceitaria fazer se visse resultado real, na minha frente.
Estávamos falando via hangout e eu via na cara dele quando era uma pergunta mais embaraçosa.
Mas ele respondeu tudo. Inclusive as falhas no produto.
Só que disse para ele...
"Cara, sua situação é crítica. E não tenho tempo de criar uma copy realmente ótima, ainda mais trabalhando só no fim da campanha. Vou fazer 20% para você ter 80% do resultado, o resto você corre atrás."
E tive que ser bem sincero. Ele tinha só 2 mil leads. Conseguir R$ 100 mil não é impossível, mas precisava de mais tempo – e mais leads.
Eram 21h da terça-feira.

O plano era: fazer uma copy direto ao ponto, que geraria 80% das vendas. Não dava tempo de fazer e-mails, então ele ia fazer um disparo simples do vídeo de vendas, e fazer um hangout à noite.

Comecei a escrever...

E fiquei as próximas 3 horas inteiras criando uma carta de vendas com ele "pendurado" no hangout comigo.

O resultado dessa "Copy Impossível"...

Você descobre amanhã.

À Sua Riqueza e Felicidade!
Gustavo Ferreira

Veja que novamente é uma história pessoal (e real).

Nesse caso, além de iniciar com uma chamada de curiosidade ("copy impossível"), e já adicionei um benefício implícito (faturar R$ 100 mil)...

O tempo todo trabalhei <u>conflitos</u>.

E o ápice dessa história, quando comecei a realmente escrever a copy...

Encerrei o e-mail.

E recebi dezenas de respostas querendo saber o final.

ESSE é o efeito que você precisa causar.

Ansiedade.

E manter sempre um loop aberto na sua comunicação.

Hoje assisto séries e vez ou outra alguma novela, apenas para prestar atenção nos loops que são abertos, e quais são as minhas sensações.

Sim, isso mesmo. Se percebo que veio uma cena "cortada" pelo intervalo e estou tenso, tento entender porque.

Porque são essas emoções que também quero "trazer" para meus e-mails.

Essas duas estratégias de histórias são as mais poderosas que você pode usar.

Você também pode contar estudos de caso ou histórias de outras pessoas.

Dependendo do seu nicho, o resultado é fortíssimo.

MEU MAIOR ERRO

Para encerrar esse capítulo da Estratégia de Ouro, vou compartilhar com você meu maior erro depois de escrever mais de mil e-mails para minha lista da CopyCon.

Desde 2014 escrevia e-mails quase diariamente para minha lista.

Devido a novos projetos, apenas por uma questão de tempo mesmo, não consegui mais manter a constância das publicações.

Ao entrar na minha lista na data que escrevo esse livro, você tem quase 3 meses de comunicação automática.

E esse foi justamente meu maior erro.

Porque os "novos" leads não receberam nenhum dos 5 anos de comunicação anteriores.

Então o que tenho feito?

Estou resgatando os melhores conteúdos (e olha que foram muitos)...

Estou atualizando cada um deles...

E estou adicionando esses conteúdos ao funil de vendas de forma automática.

Faça o mesmo com suas mensagens :)

Selecione as melhores, e envie para todos os "novos" leads automaticamente.

Assim você transforma seus e-mails automáticos em uma forma perene de comunicação.

Exercício de Revisão

1. Quais histórias pessoais você pode contar?
2. Quais histórias de clientes você pode contar?
3. Como você pode dividir uma grande história em "capítulos"?

A Linha do Tempo da Consciência

Vou ser breve aqui.

Na área de bônus do livro deixei um vídeo com esse "framework" para você construir sua mensagem com base no "nível de consciência" do seu lead. (acesse por aqui: http://copycon.com.br/bonus-livro-email).

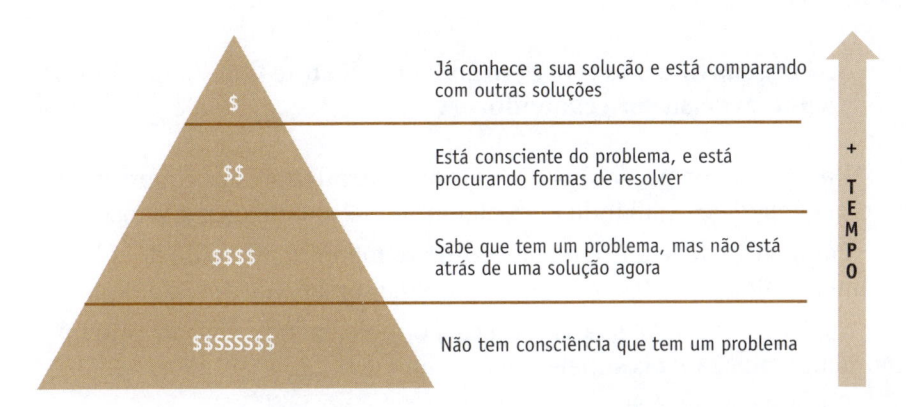

Pirâmide	Descrição	
$	Já conhece a sua solução e está comparando com outras soluções	
$$	Está consciente do problema, e está procurando formas de resolver	+ TEMPO
$$$$	Sabe que tem um problema, mas não está atrás de uma solução agora	
$$$$$$$$	Não tem consciência que tem um problema	

Seu cliente pode estar em cinco "situações":

1. **Superconsciente da solução que você oferece, e muitas vezes pronto para comprar...**

Esses são os seu melhores leads/clientes, porque vão comprar de você na hora se sua comunicação for eficaz.

2. **Consciente dos produtos disponíveis no mercado que resolvem o problema dele e está se decidindo...**

Esses estão avaliando vários produtos, e se você montar uma linha de comunicação adequada, pode convertê-los nas primeiras semanas.

3. **Consciente das soluções disponíveis para resolver o problema dele.**

Por exemplo, para você "vender mais", você pode usar campanhas de e-mail marketing, campanhas no Facebook ou fazer panfletos.

4. Consciente que existe um problema, mas não necessariamente está em busca de uma solução.

Conheço vários empreendedores que sabem que precisam vender mais, mas ainda não viram ou não foram atrás de soluções para esse problema.

5. Pessoas que não têm nem consciência que têm um problema que precisa ser resolvido.

Da mesma forma, conheço vários empreendedores que nem sabem se o negócio deles está indo bem ou mal, e mal sabem usar a internet.

Como você deve ter percebido, quanto menos consciente da solução de um problema, MAIOR o tempo para uma tomada de decisão.

Sugiro você focar sua comunicação, pelo menos em um primeiro momento, nos 3 níveis superiores.

Porque é mais fácil.

Quando você validar sua mensagem inicial, comece a brincar com o quarto e quinto nível, porque realmente é um "salto" na sua comunicação muito grande, e é muito fácil você errar a mão nesses níveis.

Acesse a área de bônus do livro para ver um vídeo com mais detalhes sobre essa visão.

O que é importante...

Você usa a sua sequência soft sell para ir aumentando a consciência do seu lead. Você mostra, passo a passo, qual o "próximo passo" para resolver o problema.

Por exemplo, para uma consciência "Nível 3":

- (Nível 3) E-mail 1: As 3 Estratégias Principais Para Vender Pela Internet
- (Nível 3) E-mail 2: Porque Você Não Pode Depender de "Terreno Alugado"
- (Nível 2) E-mail 3: E-mail Marketing Funciona Mesmo?
- (Nível 2) E-mail 4: Um Sistema Matador Para Você Gerar Dinheiro
- (Nível 2 => Nível 1) E-mail 5: Como Fazer E-mails Que Vendem
- (Nível 1): Curso E-mail Marketing

Esse é um exemplo simples, mas que você já começa entender a transição entre os níveis de consciência.

Estratégias para seus E-mails

OFERTAS HIGH TICKET → LOW TICKET

Não é escopo desse livro entrar em profundidade nas estratégias de precificação e apresentação de ofertas.

Mas na data que escrevo esse livro, sugiro você primeiro apresentar suas ofertas de valor maior primeiro no seu funil.

Porque esse é um jogo de matemática.

Por exemplo...

Se você atrai mil leads, e apenas 0,5% deles compram um produto de R$ 1 mil você faz R$ 5 mil em vendas.

Então você pode fazer uma nova oferta, por exemplo, de R$ 200,00. Assuma que nessa situação você consegue 1% de conversão, você consegue mais R$ 2 mil.

E, por último, você ainda pode fazer uma nova oferta de R$ 50,00. Se você conseguir uma conversão de 2%, você ainda consegue mais R$ 1 mil em vendas.

Ou seja, algo mais ou menos assim:

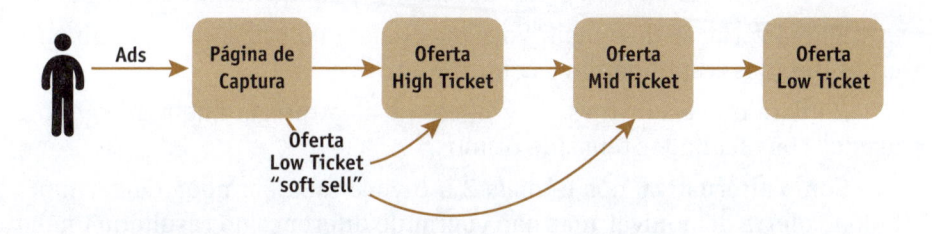

```
[Pessoa] --Ads--> [Página de Captura] --> [Oferta High Ticket] --> [Oferta Mid Ticket] --> [Oferta Low Ticket]
                         |
                   Oferta Low Ticket "soft sell"
```

É mais fácil "diminuir" o valor do que aumentar progressivamente.

MARTELO

Essa estratégia é simples e poderosa.

Funciona assim:

No primeiro e-mail você diz que entregará uma série de conteúdos de extremo valor e que seu cliente irá adorar.

Você já avisa que no sétimo e-mail você fará uma oferta que eles não poderão resistir.

No próprio primeiro e-mail você já pode começar a entregar seu conteúdo (como no exemplo que dei do meu curso gratuito de copywriting).

Nos e-mails 2 a 6, você entrega o seu melhor.

Seu objetivo aqui é entregar algo completamente insano, que as pessoas não podem acreditar que você está dando de graça tanta coisa.

No sexto e-mail você até pode "avisar" que no dia seguinte eles podem pegar o cartão de crédito quando virem seu e-mail.

No sétimo e-mail, você envia um e-mail no estilo "hard sell", mas com tudo que você pode imaginar.

Imagine uma carta de vendas completa, mas entregue por e-mail.

Na área de bônus deixei um modelo de e-mail como esse para você usar como referência. (acesse por aqui: http://copycon.com.br/bonus-livro-email)

No oitavo e-mail você envia depoimentos. Basicamente é um e-mail com um resumo da oferta, o link de vendas e o restante você preenche com "prova social".

Opcionalmente você pode enviar um "Última Chamada" também.

E no nono e-mail, você pede "desculpas" para quem não comprou.

É uma variação do e-mail "Você me odeia" do Post Sell. Isso também faz as pessoas responderem e comprarem.

Na data que escrevo esse livro, essa é a estratégia que mais tenho usado, e os resultados têm sido ótimos.

Como alternativa, nos e-mails 2 a 6 você também pode deixar um link da oferta disponível, mas não vi grande diferença no resultado final até o momento.

RECUPERAÇÃO DE VENDAS

Se você está acostumado com "vendas digitais", sabe que o número de vendas efetivadas para quem chega no checkout é pífio.

Por isso, você pode usar algumas estratégias simples para ajudar na recuperação de vendas.

1. Assim que a pessoa clica no link da página de vendas, espere 30 minutos. Se ela não comprar nesse período, envie um e-mail perguntando se ela tem alguma dúvida ou se houve um problema técnico.

2. No dia seguinte, você pode dizer que está triste. Reforce a dor na vida da pessoa. Algo como...

"Estou triste. Não por mim, mas por você.

Porque você tem a chance de conseguir 'xyz' hoje... mas por algum motivo você ainda não decidiu.

Isso significa que você ainda vai continuar com 'tal', 'tal' e 'tal' problema."

3. Espere 2 ou 3 dias e fale que ela ainda tem uma chance. Gosto de enviar depoimentos nesse e-mail também, e se disponível, formas alternativas de pagamento (parcelamento em mais vezes, por exemplo).

4. Faça uma "última chamada" dos avisos, e é a última chance que a pessoa tem de acessar.

Isso recupera um bom volume de vendas.

Opcionalmente, você pode planejar depois de 2 ou 3 semanas uma promoção relâmpago com 10% de desconto.

Não gosto muito de estratégias que usam desconto, mas você pode ter isso no seu arsenal.

RECUPERAÇÃO DE BOLETOS

Se tem uma coisa que deixa vários empreendedores malucos é a quantidade de boletos não pagos.

Veja, o que **mais** converte boletos é fazer uma ligação para o cliente que emitiu o boleto e dar as boas-vindas.

A forma mais eficaz de recuperação de boletos é pelo contato via telefone.

E sim, você pode usar e-mail marketing como complemento, mas o que continua sendo muito mais efetivo é o contato telefônico.

Das plataformas comuns de vendas de produtos digitais, recomendo a Eduzz, porque o sistema de recuperação deles converte em média 50% dos boletos.

Aqui está uma proposta de recuperação de boletos que tem dado bons resultados:

1. Imediatamente após a emissão do boleto, mande uma mensagem dando os parabéns e confirmando.

   Você também pode dizer que se a pessoa enviar o comprovante de pagamento *agora*, você libera o acesso manualmente.
2. No dia seguinte, você pergunta "se deu tudo certo" com a compra, ou se precisa de alguma ajuda.
3. Dê 2 dias de intervalo, e pergunte "se está tudo bem", porque a pessoa mostrou interesse, mas a compra ainda consta como "em aberto".
4. Dê 2 dias de intervalo, e faça um reforço do que é a oferta.
5. No dia seguinte, envie depoimentos. (pode ser parecido com a estratégia do Martelo)
6. Dê mais 2 dias de intervalo, e diga que está preocupado, e use alguma escassez (ou que a oferta vai acabar, a quantidade de vagas está acabando, ou o preço irá subir).
7. No dia seguinte reforce a escassez.
8. Dê mais 2 ou 3 dias de intervalo e faça uma "última chance".

Esse é um modelo simples, e que você também pode usar o que já aprendeu no livro para o máximo de respostas.

Você também pode usar alguns desses e-mails para contar casos de sucesso e depoimentos de pessoas que já tiveram ou estão tendo bons resultados com o seu produto ou serviço.

Lei Geral de Proteção de Dados

No Brasil, em 2020 ou no máximo 2021 entrará em vigor a LGPD: Lei Geral de Proteção de Dados.

De forma simples:

Seu cliente precisa CONSENTIR em receber "mais" e-mails, informações e ofertas suas além do que ele está de fato pedindo quando dá para você seus dados.

O que estou trazendo aqui ainda pode ser alterado conforme a lei avance...

Mas na prática você precisará de dois "checkbox" extras em todas as suas páginas de captura.

E você só poderá enviar mais e-mails (automáticos ou não) para quem autorizar isso.

A maior parte das ferramentas de e-mail marketing permitem que você filtre isso.

O que imagino que deve ocorrer é...

Pode ser que tenhamos MENOS leads entrando e que confirmem que querem receber suas mensagens...

Ao mesmo tempo, é provável que teremos bases MAIS qualificadas.

Eu sempre procuro uma base menor, mas com mais qualidade.

Em alguns clientes, com apenas 70 leads conseguimos quase 15 mil em vendas. Porque são leads super qualificados.

Pelo movimento que vejo lá fora, o impacto geral nas suas campanhas é baixo.

O único risco real que vejo é se você compra ou importa manualmente leads que não fizeram o "opt-in" de fato com você.

Se você faz isso, pare imediatamente.

Isso nunca funcionou bem, e a partir de agora existirá um risco muito alto de você ser processado.

Apenas garanta que você segmentará bem seus leads.

Se você compartilha esses dados com outras ferramentas e players, coloque isso na sua política de privacidade.

Se seu cliente "pedir para sair", ou pedir que você apague os dados, apenas faça.

Com isso você deve ficar tranquilo :)

O Presente e o Futuro do E-mail Marketing

O PRESENTE E O FUTURO DO E-MAIL MARKETING

Agora que estamos caminhando para o final desse livro, quero falar sobre o presente e o futuro do e-mail marketing. Eu acredito que um dia o e-mail marketing não funcionará mais?

Sim.

O fato é que isso é apenas uma evolução natural.

No passado, o que funcionava muito bem era o envio de "mala direta", como as cartas de vendas que apresento em meu primeiro livro "Palavras Que Vendem".

Desde o início da internet, e-mail marketing SEMPRE funcionou e CONTINUARÁ funcionando por muitos anos.

Agora, o que você precisa entender é...

Estamos em um mundo cada vez mais conectado e precisamos de MAIS de um canal de comunicação.

Pelos próximos 10, 20 ou mesmo 30 anos, acredito 100% que o e-mail marketing continuará sendo a mídia com maior ROI.

Pode ser que isso diminua, com o tempo? Sim.

Mas aqui entra o convite para você EXPANDIR seu canal de comunicação com seu cliente.

É um conceito de múltiplos canais.

A teoria simplificada é a seguinte:

Você precisa validar sua campanha de vendas através do e-mail marketing primeiro.

Se você segue a estratégia que explico nesse livro e no Programa Elite, você já tem o caminho das pedras para seguir.

Depois que você tem essa campanha montada, testada e validada (ou seja, as pessoas compram)...

Você MELHORA essa campanha.

Veja quais e-mails tem mais abertura, quais tem mais cliques e quais geram mais vendas.

Melhores os que não estão com as métricas boas.

(crie "assuntos" mais chamativos, por exemplo, ou crie frames de venda mais fortes)

Então, o próximo passo é REPLICAR e EXPANDIR essa campanha com outros canais.

Por exemplo, ao se cadastrar para receber as lições do Curso Gratuito de Copywriting (https://copywriting.com.br/curso-gratuito-copywriting) , você será convidado a conversar com a Sophia, um chatbot no messenger.

As mesmas mensagens que mando por e-mail, a Sophia também manda.

Veja que engraçado: 85% das vendas continuam vindo pelo e-mail...

Mas o volume de vendas geral aumentou aproximadamente 30%.

Porque os leads estão vendo a mensagem por 2 canais.

E você pode ir além.

É possível além de e-mail e chatbot, colocar o whatsapp como estratégia de automação também.

(há limitações no aspecto ferramentas para automatizar o WhatsApp, mas é possível)

Em alguns e-mails, envio um número de whatsapp para as pessoas enviarem mensagem diretamente com dúvidas (e quase metade dos que mandam mensagem, compram os produtos).

Dependendo de como uma campanha é estruturada, a partir do momento que um e-mail é enviado, 4 coisas acontecem:

1. Há uma publicação simultânea em um blog;
2. Há uma publicação simultânea em um grupo de facebook;
3. Há uma publicação simultânea no Youtube;
4. Há uma publicação via chatbot;

Algumas vezes, até é disparado via WhatsApp, em algum grupo, por exemplo.

Telegram também permite automação, similar ao *chatbot* no Messenger.

E você também pode criar anúncios de remarketing sincronizados com seus e-mails.

Ou seja...

Para a mesma mensagem, há 4 ou 5 canais de comunicação.

E depois inicia um processo de Anúncios e remarketing.

Quem chega na página de vendas, sofre "remarketing", ou seja, recebe um anúncio sobre o que acabou de visualizar.

Se você procurar no Google, terá um anúncio pago para a palavra chave que você digitou.

Mais uma vez, dependendo de como está estruturada a campanha como um todo, a campanha de "remarketing" pode envolver todos os canais possíveis (facebook, youtube, instagram, google search, google display, taboola, yahoo, outbrain, etc).

Mas isso só é possível (ou melhor, lucrativo), se o CORAÇÃO da sua campanha está batendo forte.

E o coração da sua campanha, é o e-mail marketing.

Se você usa redes sociais, a partir do momento que você posta um conteúdo, ele tem em média vida útil de minutos, ou no máximo algumas horas.

É quase impossível achar uma publicação "antiga" nas redes sociais.

Porque é efêmero.

Tudo muito rápido, e muito disperso.

A caixa de e-mails tem se tornado cada vez mais como nosso quarto.

É um lugar fechado, para poucos terem acesso.

Mas quem você permitir entrar no seu quarto, terá acesso direto e íntimo a você.

Esse é o futuro do e-mail marketing, na minha visão.

Intimidade e Confiança.

E toda uma estrutura gigante de múltiplos canais para seu cliente lembrar de "flertar" com você no quarto.

Próximos passos

PRÓXIMOS PASSOS

Finalmente chegamos ao final desse livro.

Fiz o possível para você entender os princípios fundamentais para você...

1. Começar a criar sua lista de e-mails...
2. Montar uma comunicação <u>estratégica</u> para seu negócio.

Se você começar a criar suas campanhas com o que aprendeu nesse livro, mesmo que de forma simples, você já começará a ter resultados.

O mais importante de tudo é você desenvolver consistência na sua comunicação.

Quando você consegue aliar uma sequência de e-mails automática (e relevante) para seu público e está sempre mantendo a <u>consistência</u>...

O sucesso vem.

Porque você vai aprender como seu público se comporta e o que ele quer.

As pessoas compram de quem elas conhecem, confiam e gostam.

Tenho pessoas que me acompanham desde 2014 e abrem todos meus e-mails.

Agora é a sua vez de começar essa jornada ou acelerar o seu passo.

Você pode enviar um e-mail para gustavo@copycon.com.br, e vamos bater um bom papo :)

Se você quer ir mais fundo, tenho algumas propostas para você.

Você pode participar do Programa Elite, onde vou fundo na construção das suas estratégias de e-mail marketing (e também cartas de vendas)...

Esse é meu programa mais completo na data que escrevo esse livro, e tenho dezenas de pessoas que já tiveram resultados incríveis.

É o mesmo sistema que aplico em meus clientes e na própria CopyCon.

Você também pode descobrir minhas estratégias de negócios provadas nas Cartas de Ouro Para Empresários (<u>https://copycon.com.br/cartas-de-ouro</u>).

Se você quer construir um negócio sólido, lucrativo e escalável, isso é para você.

E por último, você também pode ver meu *Gatilhos Mentais* e o livro *Copywriting: Palavras Que Vendem Milhões*, onde trago mais dicas práticas para você aplicar e ter resultado.

À Sua Riqueza e Felicidade!

Gustavo Ferreira

PS: se você quer as melhores estratégias de e-mail marketing, com modelos provados e conteúdo avançado, acesse o Programa Elite através do link: https://copycon.com.br/em-elite

OUTROS LIVROS DO AUTOR:

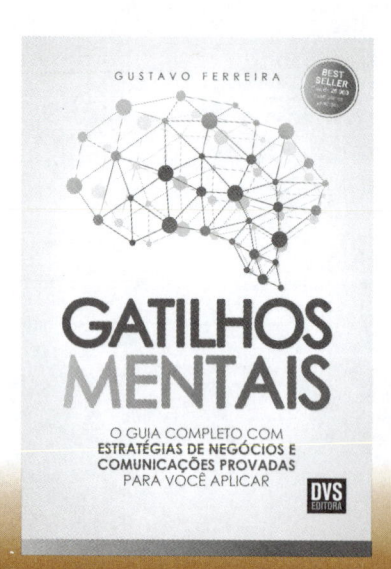

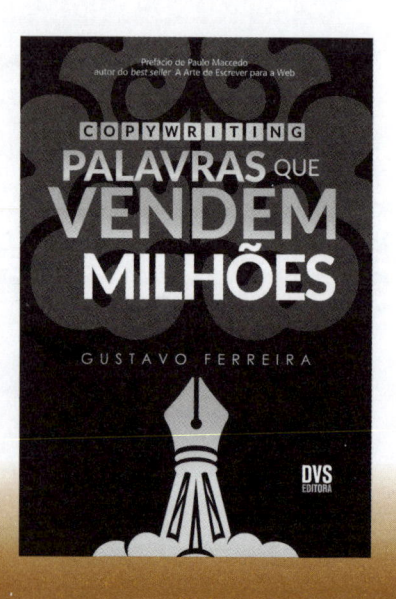

www.dvseditora.com.br